L'ALIMENTATION DE LA FEMME ENCEINTE ET DE L'ENFANT SELON L'ENSEIGNEMENT DU Dr KOUSMINE

DES MÊMES AUTEURS

chez le même éditeur :

VOTRE ALIMENTATION SELON L'ENSEIGNEMENT DU Dr KOUSMINE (1989)

Dr Alain Bondil et Marion Kaplan

L'ALIMENTATION DE LA FEMME ENCEINTE ET DE L'ENFANT

selon l'enseignement du Dr

KOUSMINE

ROBERT LAFFONT

Cet ouvrage est publié
sous la direction de Daniel Mermet

ISBN 2-221-06857-2

PRÉFACE

« Nous sommes faits de ce que nous mangeons. » C'est cette vérité que j'ai défendue dans mon ouvrage Sauvez votre corps.

En effet, il n'est pas possible de transgresser les lois de la nature, sans en subir les conséquences néfastes. C'est ainsi que nos erreurs alimentaires récentes ont entraîné une perturbation de nos défenses immunitaires avec, comme conséquence, l'apparition de maladies dégénératives (rhumatismes, cancers, scléroses en plaques) et cela de plus en plus tôt dans l'existence.

Les enfants constituent les forces vives d'une nation. Ce sont eux qui créeront les richesses de demain. Pour cela, encore faut-il qu'ils soient sains et vigoureux !

Nos mœurs ont changé : pour accroître les revenus de la famille, beaucoup de femmes travaillent à l'extérieur. De ce fait, elles utilisent de plus en plus d'aliments industriels, prêts à l'emploi, et cela même pour leurs enfants dès leur plus jeune âge (lait maternisé, petits pots). Or, pour être bien nourri, il importe de bien choisir sa nourriture. Ceux qui connaissent mon ouvrage en sont convaincus. Ils ont découvert les bienfaits des céréales complètes et des huiles vivantes (obtenues par première pression à froid).

C'est pourquoi j'ai demandé à mes deux principaux collaborateurs de rédiger un ouvrage à l'intention des futures mères. J'espère ainsi contribuer à la création d'une génération plus saine et plus vigoureuse. Il s'agira là d'une véritable politique de santé.

Essayez et vous connaîtrez, vous aussi, des enfants toujours contents, jamais malades.

Dr C. Kousmine

PRÉAMBULE

Donner la vie

La conception demande la réunion d'un ovule et d'un spermatozoïde. L'ovule est une cellule ovoïde grosse comme une pointe d'épingle. Il est libéré par l'ovaire environ tous les 28 jours.

Le spermatozoïde est une cellule 40 fois plus petite, mais très mobile grâce à un flagelle qui lui permet de se déplacer. A l'encontre des ovules, les spermatozoïdes sont produits en permanence et stockés dans un réservoir : la vésicule séminale.

Il résulte de ces conditions imposées par la nature que la fécondation ne peut avoir lieu qu'au moment de la ponte de l'ovule — soit en principe au milieu du cycle. A ce moment, l'ovaire libère un ovule qui va migrer tout au long de la trompe de Fallope jusque dans l'utérus. Si l'ovule ne rencontre pas de spermatozoïde, la fécondation n'a pas lieu, l'ovule meurt, et la muqueuse utérine qui s'était préparée à le recevoir s'atrophie et meurt à son tour. Ovule et muqueuse, mêlés à du sang, sont expulsés, ce sont les règles ou menstruations, et un nouveau cycle commence.

Les spermatozoïdes du père, grâce à leur flagelle, remontent jusqu'à l'utérus de la mère et pourront y rencontrer l'ovule. Beaucoup mourront au cours de la migration vers l'utérus et seuls les plus vigoureux parviendront jusqu'à l'ovule. Finalement, un seul pénétrera à l'intérieur de l'ovule, perdant son flagelle.

Dès lors, l'ovule et le spermatozoïde fusionnent pour donner un « œuf ». Cette première cellule est à l'origine de toute la programmation du futur embryon qui deviendra, à terme, un enfant.

L'hérédité : un mécanisme implacable

Ovule et spermatozoïde sont des cellules particulières : ils ne contiennent chacun que 23 chromosomes, alors que toutes les autres cellules du corps humain en possèdent 46.

Les chromosomes sont des bâtonnets formés d'acides nucléiques selon une organisation précise et particulière qui définit des « gènes ». Ce sont les gènes qui déterminent les caractères héréditaires de chaque individu : sa taille, la couleur de ses cheveux ou de ses yeux, la forme de son visage, sans parler de ses prédispositions à telle ou telle affection. L'enfant hérite de sa mère la moitié de ses chromosomes et de son père l'autre moitié.

Le sexe de l'enfant dépend des chromosomes XX ou XY. En effet, lors de la fécondation, les chromosomes de l'ovule et du spermatozoïde vont fusionner deux par deux. L'ovule apporte toujours le chromosome X tandis que le spermatozoïde peut fournir soit le chromosome X, soit le chromosome Y ; ainsi XX correspond au sexe féminin, XY correspond au sexe masculin. C'est le père qui, selon que le spermatozoïde qui féconde l'ovule est porteur du chromosome X ou Y, détermine le sexe féminin ou masculin de l'enfant.

Quelle sera par exemple la couleur des yeux d'un enfant dont la mère a les yeux bleus et le père, marron ? (*Schéma 1.*)

Schéma 1

1 parent hétérozygote aux yeux marron
+ 1 parent hétérozygote aux yeux bleus
=
2 enfants hétérozygotes aux yeux marron
2 enfants hétérozygotes aux yeux bleus

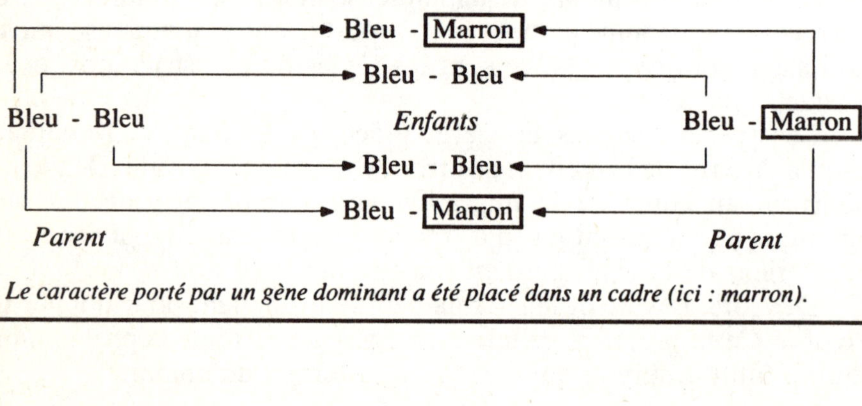

Le caractère porté par un gène dominant a été placé dans un cadre (ici : marron).

Il y a des gènes « dominants » qui sont prépondérants dès qu'ils sont présents, et d'autres « récessifs » qui ne peuvent s'exprimer que s'ils sont présents à la fois chez la mère et chez le père. Ainsi, le gène qui détermine la couleur des yeux bleus est « récessif ». Un enfant n'aura les yeux bleus que s'il hérite de ce gène à la fois de son père et de sa mère. Cette loi qui régit l'hérédité des caractères s'appelle la loi de MENDEL.

Lorsque les gènes hérités du père et de la mère sont identiques, les cellules de l'enfant sont dites « HOMOZYGOTES », lorsque ces gènes sont différents, elles sont « HÉTÉROZYGOTES ».

Dans l'exemple ci-dessus, le père est hétérozygote avec un gène marron dominant, il a donc les yeux marron, il pourra avoir des enfants aux yeux bleus (une chance sur deux) puisque la mère est homozygote, avec des yeux bleus.

Si l'un des conjoints avait été homozygote aux yeux marron, tous les enfants auraient eu nécessairement les yeux marron (hétérozygotes avec gène marron dominant). (*Schéma 2.*)

Schéma 2

1 parent homozygote aux yeux marron
+ 1 parent homozygote aux yeux bleus
=
4 enfants hétérozygotes aux yeux marron

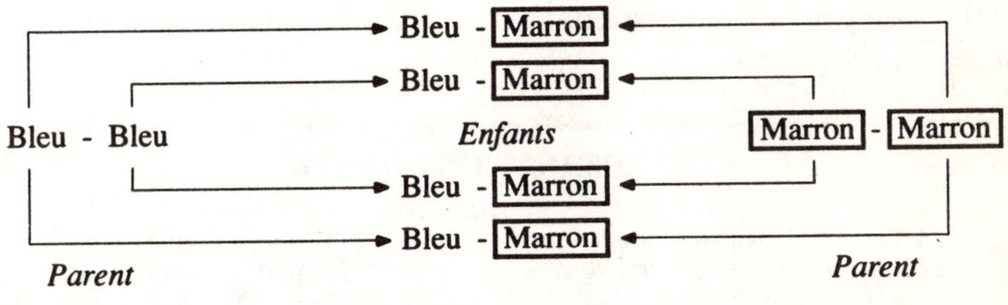

Le caractère porté par un gène dominant a été placé dans un cadre (ici : marron).

Par contre, si la mère et le père sont hétérozygotes (marron dominant, bleu récessif), ils peuvent avoir des enfants aux yeux bleus (une chance sur quatre). (*Schéma 3.*)

De la même façon se détermine le sexe de l'enfant : les individus du sexe féminin ont, présente dans leurs cellules, une paire de chromosomes identiques dits XX ; les individus du sexe masculin, au contraire, possèdent une paire de chromosomes différents X et Y. C'est-à-dire que toutes les femmes sont, à ce point de vue, homozy-

Schéma 3

2 parents hétérozygotes aux yeux marron
=
2 enfants hétérozygotes aux yeux marron
1 enfant homozygote aux yeux marron
1 enfant homozygote aux yeux bleus

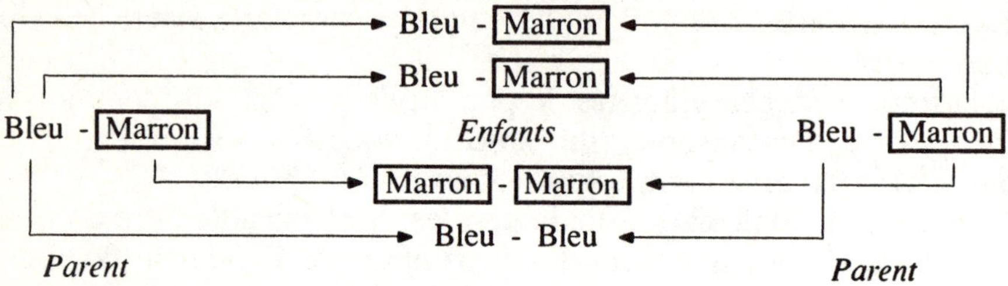

Le caractère porté par un gène dominant a été placé dans un cadre (ici : marron).

gotes et tous les hommes hétérozygotes. Au moment de la formation des gamètes (ovules de la mère, spermatozoïdes du père) les paires chromosomiques se dédoublent : chaque ovule contiendra donc un chromosome X, et chaque spermatozoïde *soit* un chromosome X, *soit* un chromosome Y.

Lors de la fusion d'un ovule avec un spermatozoïde on aura donc soit un œuf XX qui sera à l'origine d'une petite fille, soit un œuf XY à partir duquel se développera un petit garçon. C'est ce qui explique qu'il y a en principe, statistiquement, autant de garçons que de filles à naître. (*Schéma 4.*)

Schéma 4 **DÉTERMINATION DU SEXE**

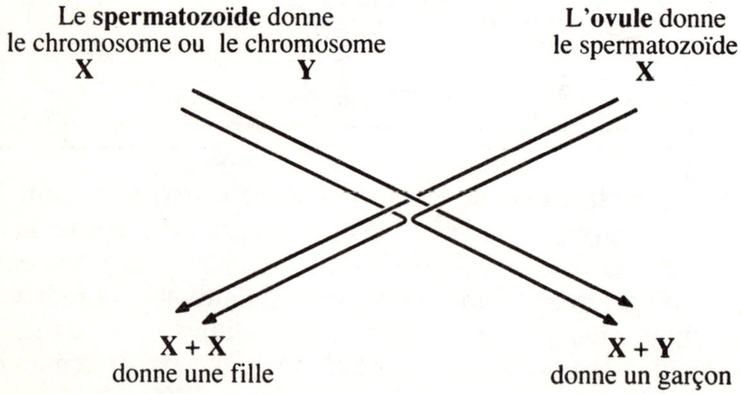

Pour les groupes sanguins, le processus est le même. Les groupes sanguins se répartissent ainsi :

— groupe A ;
— groupe B ;
— groupe AB ;
— groupe O.

Les gènes A et B sont dominants. Le gène O est récessif. On peut donc trouver des individus :

— AA (homozygotes) qui seront A ;
— AO (hétérozygotes) qui seront A (dominant) ;
— BB (hémozygotes) qui seront B ;
— BO (hétérozygotes) qui seront B (dominant) ;
— AB hétérozygotes ;
— OO (homozygotes) qui seront O. (*Schémas 5, 6, 7 et 8.*)

Outre cette classification A, B, O, le sang est également caractérisé par le facteur rhésus : chaque groupe sanguin A, B, AB ou O peut se diviser en rhésus positif (+) ou rhésus négatif (−). Le rhésus positif est dominant par rapport au rhésus négatif.

Schéma 5 **Groupe sanguin**

1 parent hétérozygote AA du groupe A
+ 1 parent homozygote AO du groupe A
=
2 enfants homozygotes AA du groupe A
2 enfants hétérozygotes AO du groupe A

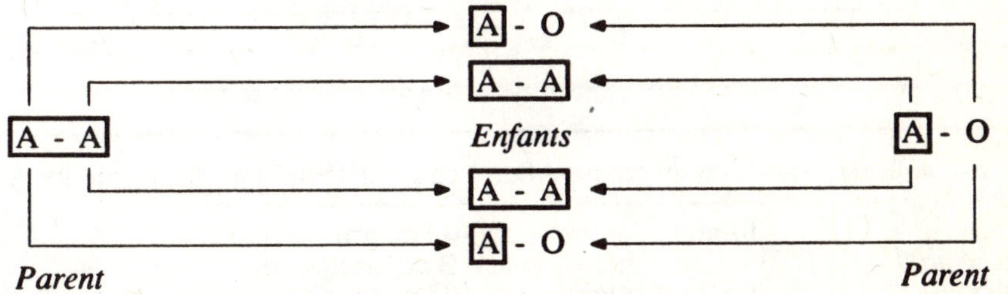

C'est grâce à cette analyse du groupage sanguin qu'ont été effectuées certaines recherches de paternité. Mais cette méthode ne peut prouver qu'un homme est le père d'un enfant puisqu'un autre géniteur porteur des mêmes caractéristiques sanguines aurait, avec la même mère, donné un enfant identique.

Il existe une anomalie du sang très sérieuse : l'hémophilie. Cette maladie, qui se caractérise par des difficultés de coagulation du sang, est transmise par les femmes et touche exclusivement les sujets

Schéma 6 **Groupe sanguin**

2 parents hétérozygotes AO du groupe A
=
2 enfants hétérozygotes AO du groupe A
1 enfant homozygote AA du groupe A
1 enfant homozygote OO du groupe O

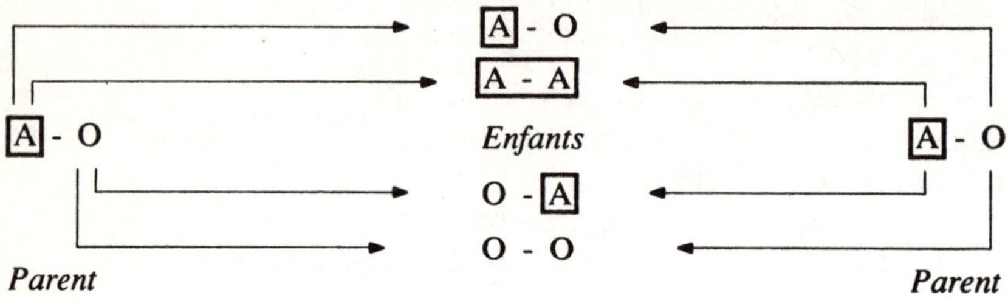

N.B. : le schéma serait identique avec des parents BO

Schéma 7 **Groupe sanguin**

2 parents hétérozygotes du groupe AB
=
2 enfants hétérozygotes du groupe AB
1 enfant homozygote BB du groupe B
1 enfant homozygote AA du groupe A

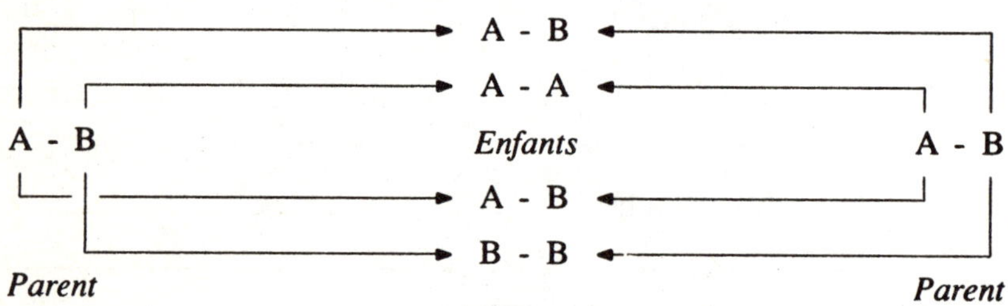

1 parent hétérozygote AB du groupe AB + 1 parent hétérozygote AO du groupe A
=
1 enfant hétérozygote AO du groupe A
1 enfant hétérozygote AB du groupe AB
1 enfant hétérozygote BO du groupe B
1 enfant homozygote AA du groupe A

Schéma 8
Groupe sanguin

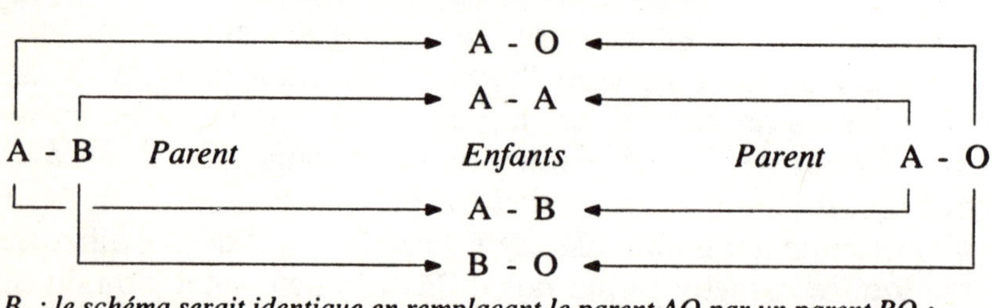

N.B. : le schéma serait identique en remplaçant le parent AO par un parent BO : on aurait des enfants respectivement AO, AB, BO et un homozygote BB.

Schéma 9

Facteur RHÉSUS

1 parent homozygote Rhésus +
1 parent hétérozygote Rhésus +
=
2 enfants homozygotes Rhésus +
2 enfants hétérozygotes Rhésus +

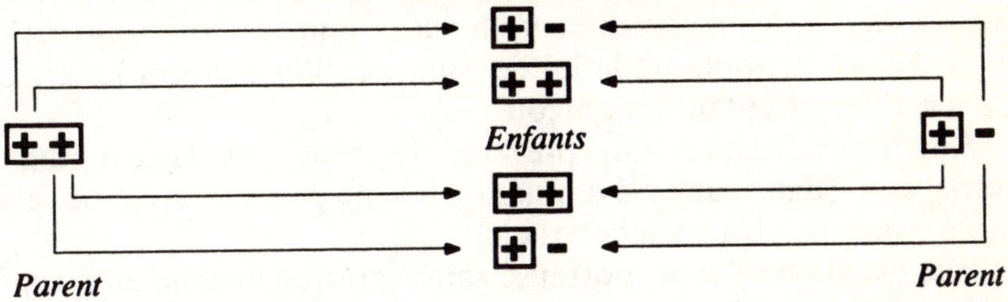

Schéma 9 bis

Facteur RHÉSUS

1 parent homozygote Rhésus -
1 parent hétérozygote Rhésus +
=
2 enfants homozygotes Rhésus -
2 enfants hétérozygotes Rhésus +

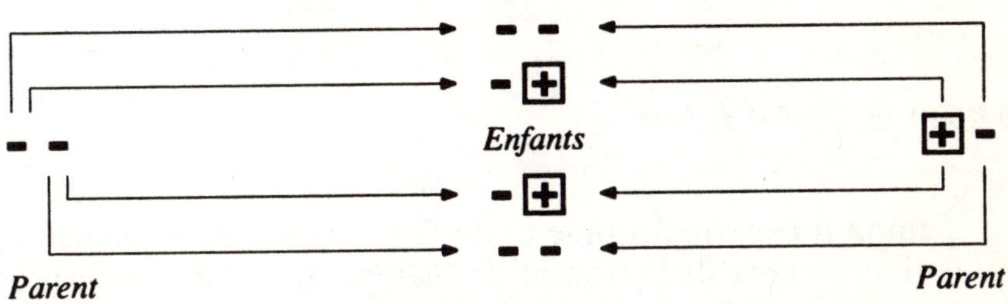

Schéma 9 ter

Facteur RHÉSUS

2 parents hétérozygotes Rhésus +
=
2 enfants hétérozygotes Rhésus +
1 enfant homozygote Rhésus +
1 enfant homozygote Rhésus -

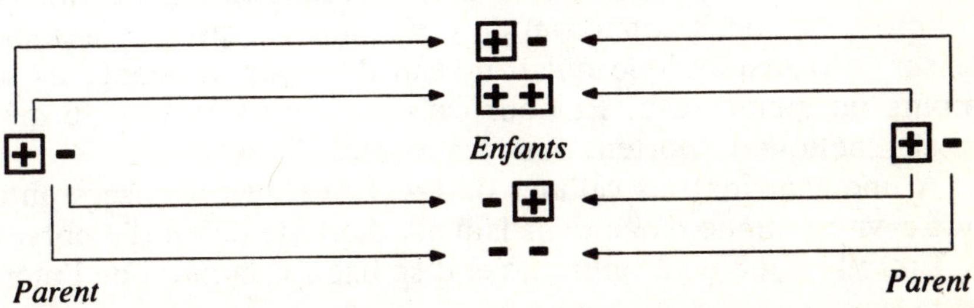

masculins. Cela peut s'expliquer très aisément avec la loi de Mendel, lorsqu'on sait que ce gène récessif est porté par le chromosome X, pair chez la femme, impair chez l'homme. Les paires chromosomiques XX et XY déterminent le sexe de l'individu : féminin dans le premier cas, masculin dans le second. C'est dire que tous les hommes sont, à ce point de vue, hétérozygotes et toutes les femmes, homozygotes. Là comme ailleurs s'applique la loi de Mendel : il y a parmi les enfants 50 % de filles et autant de garçons.

Ainsi une femme qui présente le gène est nécessairement hétérozygote (dans l'autre éventualité, elle ne pourrait vivre ne serait-ce qu'à cause des cycles menstruels).

Elle est vectrice mais porteuse saine puisque le gène en question est récessif.

Lors d'une union avec un homme si celui-ci n'est pas hémophile, il y aura une chance sur deux que l'enfant soit hémophile.

Toutes les caractéristiques du corps humain : taille, couleur et aspect, sont régies par la loi de Mendel. Il existe donc une infinité de possibilités, ce qui explique que deux enfants d'une même famille soient très différents. Seuls des vrais jumeaux issus de la même « cellule mère » se ressemblent vraiment.

De l'œuf au chef-d'œuvre

L'union du spermatozoïde et de l'ovule s'effectue généralement dans le tiers externe de la trompe de Fallope. L'œuf ainsi constitué va se diviser et se diriger vers l'utérus où tout est déjà prêt pour le recevoir et permettre sa croissance.

Au bout de 20 heures, l'œuf se divise en deux :

— A 50 heures, il a formé quatre cellules,

— A 60 heures, il en a donné huit.

C'est à ce dernier stade qu'il peut y avoir une « erreur » de programmation. Au lieu de se diviser en huit cellules, l'œuf se sépare en deux fois quatre cellules. On a alors deux œufs génétiquement identiques. Ces œufs donneront de vrais jumeaux qui se ressemblent tant sur le plan physique qu'au niveau du comportement ; ils sont toujours du même sexe. Et pour cause ! Ils proviennent du même capital génétique et portent donc les mêmes gènes !

A une semaine, les cellules de l'œuf se sont organisées autour d'une cavité remplie d'eau dans laquelle flotte le début d'embryon.

Entre le 8e et le 12e jour, cet œuf se fixe sur la paroi de l'utérus, c'est ce qu'on appelle la « nidation ». Il mesure environ un millimètre et contient déjà un millier de cellules.

Si l'œuf ne peut se fixer correctement, il dépérit, meurt et se trouve expulsé avec le sang des règles suivantes. C'est ce que l'on appelle une « fausse couche ». Par contre quand l'œuf vient se fixer à la paroi, le col de l'utérus s'obstrue empêchant toute intrusion depuis le vagin.

Bien qu'une grossesse commencée bloque normalement la ponte ovulaire, il peut arriver que, avant la nidation de l'œuf, la mère ait une autre ovulation. Si les spermatozoïdes du père viennent à la rencontre de ce nouvel ovule, il y a alors une deuxième grossesse. Celle-ci aura 28 jours de décalage avec la première et on aura alors ce que l'on appelle de faux jumeaux (ils peuvent être de même sexe ou de sexe différent et ne se ressemblent pas plus que 2 frères quelconques).

A 18 jours, l'œuf est devenu un embryon de 2 millimètres de diamètre. Il est formé d'une enveloppe, l'« amnios », contenant le liquide dans lequel l'embryon grandit. L'amnios est fixé à la muqueuse utérine, grâce à des ramifications — le placenta — qui permettent les échanges avec le sang de la mère. L'embryon est relié au placenta par le cordon ombilical qui l'alimente, comme le cosmonaute est relié à la capsule spatiale par ses tuyaux !

A 22 jours, le cœur commence à battre.

A 28 jours, les futurs membres bourgeonnent et du sang commence à circuler dans les veines de l'embryon. La mère a un retard de règles. Grâce à une analyse d'urines, qui révèle la présence d'hormones spécifiques, le médecin peut confirmer la grossesse.

Le père et la mère connaissent désormais l'existence de bébé. Il dépend d'eux qu'il puisse vivre !

A 12 semaines, l'embryon est devenu un fœtus de 9 centimètres. Il pèse près de 5 grammes. La mère passe une échographie qui sert surtout à détecter les grossesses gémellaires et les anomalies d'implantation sur l'utérus ; parfois on peut déterminer le sexe. Lorsque l'œuf s'est implanté trop bas près du col utérin, on parle de *placenta praevia,* ce qui entraîne quelques complications pendant le dernier trimestre de la grossesse (risque d'accouchement prématuré).

A 16 semaines, le fœtus se couvre de duvet, le « lanugo ». Sa taille a doublé, et il commence à remuer dans le ventre maternel.

A 6 mois, il mesure environ 30 centimètres et pèse près de 600 grammes.

A 7 mois et demi l'enfant entièrement formé commence à se sentir à l'étroit dans le ventre de la mère. Il va amorcer un mouvement de rotation afin de gagner de la place. Il se met donc la tête en bas, préparant ainsi sa sortie.

Encore quelques semaines pour peaufiner le tout et, au 9e mois, voilà le chef-d'œuvre !

L'harmonie du couple, une affaire d'hormones ?

Tant au plan psychologique qu'hormonal, l'homme et la femme fonctionnent de façon différente. L'homme est sous la dépendance d'une seule hormone, la testostérone. La femme, elle, dépend de deux hormones, la folliculine et la lutéine. Chez elle, selon le moment, la sécrétion hormonale se modifie, créant les conditions du cycle menstruel. Lorsque les deux hormones baissent dans le sang, apparaissent les règles. Puis, la sécrétion de folliculine augmente jusqu'à un pic en milieu du cycle. C'est alors que la lutéine augmente rapidement déclenchant l'ovulation, tandis que la folliculine diminue. A cette période une légère poussée de température signale la ponte ovulaire. Ensuite, si la fécondation n'a pas lieu, le taux de lutéine va décroître rapidement. La chute brutale de ces hormones entraîne alors la menstruation. C'est l'apparition des règles et le commencement d'un nouveau cycle[1] normalement de 28 jours. La femme n'est donc pas fécondable durant tout le cycle, tandis que l'homme est capable en permanence de donner sa semence.

Sur le plan physique, l'homme est celui qui donne. Il sera porté plutôt sur la jouissance. La femme est réceptive, elle aura un tempérament de possession, ce qui favorise le désir d'enfant, mais aussi, parfois, la jalousie.

Par contre, les comportements s'inversent au niveau psychique. Là, l'homme est réceptif, tandis que la femme est émissive, notamment par son intuition innée.

C'est cette complémentarité qui permet l'harmonie dans le couple et qui assure un bon développement psychologique des enfants. Lorsque le caractère de l'un des parents déroge à cet ordre quasi général, il s'ensuit un déséquilibre de la personnalité de l'enfant.

Si le père est absent, c'est tout ce qu'il représente qui fait défaut : action, autorité, force, puissance. Si la mère ne remplit pas son rôle, ce sont toutes les notions de réceptivité, d'humilité, de douceur,

---

1. Attention : le 1er jour des règles correspond au 1er jour du cycle. L'ovulation intervient en principe au milieu du cycle — le 14e jour, pour un cycle de 28 jours ; le 15e jour, pour un cycle de 30 jours.

d'obéissance qui manquent. Les enfants, marqués dès leur plus jeune âge, manqueront à leur tour de repères dans la vie.

Choisir le sexe de son enfant

Les progrès actuels dans la surveillance médicale ont permis, grâce à l'échographie, de connaître, avant terme, le sexe de l'enfant. Beaucoup de parents, désirant plus particulièrement un garçon ou une fille, aimeraient savoir s'il est possible d'« orienter » la nature.

Dès 1958, le professeur Stolkowski, de l'université Pierre-et-Marie-Curie, a travaillé sur la question, et, actuellement, les connaissances ont suffisamment évolué pour que, notamment à l'hôpital Cochin à Paris, une équipe de médecins et de diététiciens ait mis au point un protocole de régime qui favorise soit la naissance d'un garçon, soit celle d'une fille.

On retiendra comme grandes lignes les phénomènes suivants :

• Le régime pour obtenir un garçon doit être :

— riche en potassium (viande, pommes de terre, légumes secs, artichauts, bananes, pêches...) ;

— pauvre en calcium (lait, fromages, yaourts, desserts lactés, œufs...) ;

— extrêmement salé (dans les limites du supportable), et complété d'au moins un demi-litre de Vichy Saint-Yorre par jour.

• Le régime pour obtenir une fille doit être au contraire :

— riche en calcium ;

— pauvre en potassium ;

— très peu salé (moins de 2 grammes par jour, en tenant compte du sodium déjà présent dans les aliments) et complété d'eau de Contrexéville.

A cela s'ajoute la prise de médicaments apportant un supplément de potassium (pour avoir un garçon) ou de calcium et de magnésium (si l'on désire une fille).

Il est recommandé de commencer ce régime deux mois et demi avant la fécondation et de suspendre toute prise de médicaments qui ne sont pas en rapport avec le régime. Le régime « fille » étant moins déséquilibré que celui qui concerne les garçons, il pourra être poursuivi pendant six mois sans problème, en principe. Par contre, le régime « garçon », hypersalé, et carencé en calcium, devra être arrêté dès le début de la grossesse pour faire place à une alimentation plus équilibrée.

Les résultats annoncés par l'hôpital Cochin sont de l'ordre de

80 pour 100 de réussites, d'après une étude statistique réalisée de 1977 à 1980.

Toutefois, il est nécessaire d'être suffisamment motivé pour accepter les contraintes que cela impose, et le régime sera d'autant mieux suivi par la mère qu'il le sera également par le futur père.

Pour ceux qui s'intéressent à l'influence des astres, nous vous livrons une méthode simple, que nous a confiée un spécialiste en astrologie. La vie génitale de la femme est régie par la lune. Elle commande en effet le cycle menstruel qui est de 28 jours comme le cycle lunaire !

Ce cycle lunaire peut être divisé en trois périodes :

— la lune montante : de la nouvelle lune (ou lune jeune) jusqu'au début de la pleine lune. Durant cette période, le PH vaginal serait acide ;

— la pleine lune ou lune vieille ;

— la lune descendante : de la fin de la pleine lune à la nouvelle lune. Durant cette période, le PH vaginal serait alcalin.

C'est en se rapportant à ces périodes du cycle lunaire qu'il serait possible de programmer la naissance d'une fille ou d'un garçon, selon la période à laquelle a lieu la fécondation.

Lorsque la fécondation a lieu en lune montante, les sécrétions vaginales acides sélectionneraient naturellement les spermatozoïdes Y, donnant des garçons.

Par contre, lorsque la fécondation a lieu en lune descendante, les sécrétions deviendraient alcalines et sélectionneraient naturellement les spermatozoïdes X donnant des filles.

Reste la période de pleine lune, où semble-t-il la détermination du sexe serait incertaine, et où il serait plus fréquent d'avoir des grossesses multiples.

PREMIÈRE PARTIE

CONNAÎTRE LA NATURE

1.

CE QU'IL FAUT SAVOIR SUR LES ALIMENTS

Une classification... ou une autre

En 1953, le Bureau d'information pour l'alimentation des Pays-Bas établissait une classification des aliments selon cinq groupes :

1 le lait et les produits laitiers ;
2. les légumes, les fruits et les pommes de terre ;
3. la viande, le poisson, les œufs, le fromage et les légumineuses ;
4. les graisses et les huiles ;
5. les céréales et les dérivés.

Jusqu'en 1981, il était conseillé de consommer un aliment de chaque groupe par jour, tout en limitant la consommation de graisses et de sucres. Mais nos habitudes alimentaires ont évolué avec l'arrivée sur le marché de produits nouveaux : sodas, biscuits pour le goûter, biscuits apéritifs, glaces, margarines, beurres allégés, desserts lactés, etc., sans parler des plats cuisinés, surgelés... !

L'équilibre alimentaire s'est profondément modifié en conséquence. C'est ainsi qu'en cent ans la consommation de sucres lents a considérablement diminué : de 66 % pour le pain et les légumes secs et de 33 % pour les pommes de terre.

Par contre la consommation des sucres raffinés a augmenté de 130 %. Les viandes, avec 100 kg par an et par habitant, marquent une progression de 200 % en seulement cinquante ans. Les graisses, enfin, qui représentaient 18 % des repas en 1890 atteignaient 45 % en 1983.

En 1981, ce même Bureau d'information pour l'alimentation établissait une nouvelle classification répartie en quatre groupes seulement :

1. pain, céréales et produits dérivés, pommes de terre, légumineuses ;

2. fruits et légumes ;
3. lait, produits laitiers, fromages, viandes, poissons, œufs ;
4. huiles, beurre, margarines et graisses dites « végétales ».

Il conseillait pour avoir une alimentation équilibrée :

— de consommer à chaque repas un aliment de chacun de ces quatre groupes ;

— de varier les aliments ;

— de faire des repas de même importance tout au long de la journée.

La classification de 1953 nous paraît plus logique car les légumineuses, oubliées actuellement, sont très utilisées à la place de la viande et du poisson par tous les peuples du tiers monde. Les céréales plus les légumineuses fournissent l'ensemble indispensable des acides aminés, comme les viandes, et constituent un apport non négligeable de protéines. Peu de gens, hélas, le savent.

Il est également regrettable de constater qu'à aucun moment il n'est fait allusion dans ces conseils à la qualité des aliments. Or cette notion nous paraît fondamentale, quand on sait toutes les modifications qui ont été apportées à nos moyens de culture et d'élevage. L'emploi toujours plus intensif d'engrais et de pesticides pour les cultures, le recours aux antibiotiques, quasi systématique pour les animaux élevés en batterie, ne sont pas toujours sans conséquence. C'est ainsi que la teneur actuelle des nitrates dans l'eau du robinet avoisine les 150 mg/litre — soit trois fois plus que la norme limite fixée par l'OMS. Durant l'hiver 1989-1990, l'eau est devenue, en France, impropre à la consommation et a dû être rationnée.

Il est vrai que sévit depuis deux ans environ une sécheresse exceptionnelle. Si l'on en croit M. Roellants du Vivier, député européen rapporteur de la *Commission Environnement, Santé et Protection du Consommateur,* 38 % des pesticides mis sur le marché n'auraient pas de dossier toxicologique ! Donc, les effets de leur utilisation sont inconnus. Cela est grave, car l'Institut national agronomique (INA) reconnaissait en 1976, déjà, que chaque Français absorbait dans les aliments 1,5 kg de produits chimiques divers par an (colorants, résidus d'engrais, pesticides...). On peut se demander quels seraient les chiffres actuels.

Ne désespérons pas ! Une prise de conscience se fait jour. Selon le *Quotidien du Médecin* (mars 1989) le *National Resources Defense Council,* groupe de protection de l'environnement à New York, s'inquiète du taux intolérable de produits pesticides pour une population de quelque 22 millions d'enfants en âge préscolaire. L'article signale que les enfants sont en effet de quatre à huit fois plus exposés que les adultes aux conséquences de ces produits.

Pour comprendre toute l'importance pour la santé d'un tel bouleversement, il convient de savoir que chaque groupe d'aliments possède des qualités propres et que la santé dépend de l'équilibre harmonieux entre les aliments ingérés et les besoins réels de notre organisme.

• *Le groupe 1,* lait, produits laitiers, est une bonne source de protéines et de calcium, mais il contient une quantité non négligeable de matières grasses. Un litre de lait entier contient environ 38 g de graisse équivalant au beurre ; un litre de lait demi écrémé, environ 17 g ; 100 g de crème fraîche, 30 g ; 100 g de fromage, de 20 à 50 g, selon la nature.

Il faut savoir que le lait entier en poudre est plus riche en protéines que le lait frais, mais il contient aussi plus d'hydrates de carbone (sucres). La poudre de lait écrémé, pratiquement sans matière grasse, est encore plus riche en protéines et en hydrates de carbone. Il faut en tenir compte car beaucoup de préparations (yaourts, crèmes lactées...) sont obtenues à partir de ces laits auxquels on ajoute encore du sucre raffiné.

En milieu acide, l'absorption du calcium est facilitée. C'est l'intérêt des produits laitiers acidifiés, tels les yaourts, le lait battu..., et la raison qui justifie l'apport d'acide lactique dans le lait de vache, ce que préconise le Dr Catherine Kousmine, pour la préparation des biberons.

Le lait, hélas, ne convient pas à tout le monde et c'est même l'élément à soupçonner en priorité lors d'allergies, de rhinites, d'asthme, et même d'eczéma. La quantité de corps gras que représente une prise importante de lait est souvent en cause dans l'apparition d'infections par surcharge hépatique.

Le professeur Bernard Blanc, biochimiste à l'EPFL (en Suisse), a fait une étude sur les conséquences physiologiques dues à l'absorption de lait. Selon qu'il s'agit de lait cru ou de lait UHT, il a pu mettre en évidence des modifications importantes au niveau du sang. La consommation de lait UHT entraîne une augmentation des globules blancs significative, contrairement au lait cru ! L'expérience a été menée sur deux lots de huit rats chacun (les lots A et B) :

— le premier (A) est nourri au lait cru ;

— le second (B) est nourri au lait UHT.

On provoque une infection par absorption de 1 million de salmonelles vivantes et virulentes et on constate que :

— le lot A ne présente aucune pathologie, comme si rien ne

s'était passé ! On ne retrouve aucune trace de salmonelles notamment au niveau de la rate ;

— le lot B est victime d'une infection mortelle au 6e jour, et on retrouve des salmonelles vivantes dans la rate !

Cela est à rapprocher des travaux qui conseillaient de toujours commencer un repas par un aliment cru. Le fait d'absorber du cuit en début de repas semble être responsable d'une montée des globules blancs dans le sang comme s'il s'agissait d'une infection provoquée par l'aliment !

Vous pouvez remplacer le lait et les laitages par du lait de soja, et des desserts au soja. Ces produits se trouvent couramment dans le commerce.

• *Le groupe 2,* les légumes, les fruits, la pomme de terre, apporte des vitamines — surtout la vitamine C —, des fibres, des sels minéraux (encore appelés oligo-éléments).

La quantité de vitamines, d'oligo-éléments des fruits et des légumes dépend essentiellement du sol sur lequel ces derniers ont été cultivés et des moyens de culture employés. C'est ainsi que l'emploi des engrais potassiques entraîne des baisses du taux de magnésium dans les aliments. Selon le *Quotidien du Médecin,* du 26 février 1990, l'*Académie d'agriculture de France* et le *Comité français d'étude et de développement de la fertilisation raisonnée* (CONIFER) reconnaissent des déficits en oligo-éléments de plus en plus importants dans l'alimentation.

Cela se manifeste notamment au niveau du fer, du zinc, du sélénium, du cuivre et du chrome.

Il faut savoir que les fruits sont riches en fructose (sucre naturel), qui peut être métabolisé par le corps sans apport d'insuline. S'il convient d'en réduire la consommation lors de certains régimes, il ne faut pas les supprimer pour autant.

• *Le groupe 3,* la viande, le poisson, le fromage, les œufs, les légumineuses, est la principale source de protéines qui apportent les acides aminés indispensables au bon fonctionnement du corps[1], du fer et de la vitamine B12.

La viande, le poisson, le fromage et les œufs sont des protéines animales. Ce sont les plus complètes en acides aminés essentiels — ceux que le corps ne peut fabriquer à partir d'autres acides aminés. Ces acides aminés sont au nombre de huit :

---

1. *Votre alimentation selon l'enseignement du Dr Kousmine,* chap. 4 : « Les aliments et les nutriments », éd. R. Laffont.

— la leucine ;
— l'isoleucine ;
— la thréonine ;
— la lysine ;
— la méthionine ;
— la phénylalanine ;
— le tryptophane ;
— la valine.

Deux autres acides aminés sont indispensables pour une croissance harmonieuse des enfants. Ce sont :
— l'histidine ;
— l'arginine.

L'inconvénient des produits animaux vient du fait qu'ils apportent, en plus des acides aminés, des graisses saturées, dont il faut tenir compte dans le bilan alimentaire.

— Les légumineuses (soja, petits pois, pois chiches, haricots rouges, fèves, lentilles) sont riches en protéines végétales. Elles n'apportent pas de graisses saturées, mais ne contiennent pas tous les acides aminés essentiels. Toutefois, il est possible de combler ce déficit par leur association avec des céréales complètes. Les légumineuses provoquent facilement des fermentations intestinales, ce qui en limite l'emploi.

D'autre part, bien qu'il s'agisse de constituants nécessaires au bon fonctionnement cellulaire, un *excès de protéines* peut présenter des inconvénients pour l'organisme. Pour être assimilées correctement, les protéines ont besoin d'une sécrétion suffisante d'acide gastrique et d'enzymes gastro-intestinales, sinon, elles auront tendance à se putréfier sous l'action des bactéries intestinales. Une des fonctions du foie est la neutralisation de ces produits toxiques, et il ne pourra remplir ce rôle que s'il fonctionne correctement et ne se trouve pas « débordé ».

Une consommation excessive de produits animaux, tout comme une mauvaise digestion, sera suivie de perturbations de la flore intestinale, d'une surcharge hépatique et de l'exonération de selles putrides. On ne peut espérer remettre de l'ordre dans l'organisme que par une réduction, voire une suppression momentanée, des produits animaux, et le recours à des lavements évacuateurs.

— Le poisson constitue une source de protéines très appréciable, d'autant qu'il contient peu de graisses saturées. Les poissons les plus gras sont encore plus maigres que la viande la plus maigre.

— L'œuf, quant à lui, représente l'aliment idéal pour l'apport des protéines. Le jaune, qui en est très riche, contient également du fer, des vitamines A et B, mais aussi du cholestérol et de la lécithine qui a la propriété de faire baisser le cholestérol dans le sang. Le blanc d'œuf est constitué essentiellement d'albumine. Il contient aussi de l'avidine, qui est un antagoniste de la biotine (vitamine B8, encore appelée vitamine H). Un excès de consommation d'œuf cru favorise une carence en biotine, entraînant des troubles tels que fatigue, état dépressif, douleurs musculaires, eczéma. Mais le blanc d'œuf cuit n'est pas meilleur, semble-t-il. Le Dr Henry G. Bieler explique que, sous l'effet de la chaleur, il y a modification de sa structure et qu'il devient mal assimilable. Le blanc d'œuf cuit serait ainsi source de putréfaction et de substances acides dans le corps. Toujours selon l'expérience de ce médecin américain, il semblerait que plus la viande est cuite, moins elle devient digeste.

Les protéines cuites deviennent « hydrophobes » : elles n'ont plus la possibilité de se dissoudre dans l'eau et deviennent mal assimilables. Cela entraîne une surcharge hépatique avec hyperacidité des humeurs (sang, urines, sueurs). Et, toujours selon Henry G. Bieler, la fréquence accrue de certaines maladies graves, chez les enfants, comme le rhumatisme articulaire aigu, la leucémie et la poliomyélite, serait due à la présence de protéines nuisibles dans le régime alimentaire. L'augmentation de la fréquence de cancers et de maladies cardiaques, à l'âge moyen, pourrait être imputable aux mêmes erreurs alimentaires.

C'est pourquoi nous conseillons :

1. de cuire les produits animaux à la vapeur douce, cela permet d'extraire un maximum de graisses cachées et de garder les protéines très assimilables ;

2. de ne pas associer deux protéines différentes lors d'un même repas ;

3. d'éviter les protéines animales le soir, afin de permettre un meilleur travail hépatique durant la nuit. Et donc un meilleur sommeil.

• *Le groupe 4 :* les corps gras — beurre, huiles, margarines. Très succinctement, nous rappelons qu'il existe 2 types de corps gras :

— les corps gras d'origine animale ;

— les corps gras d'origine végétale.

Chacun des groupes est formé d'acides gras saturés et/ou d'acides gras insaturés[1].

1. Dr Kousmine, *op. cit.*, pp. 33 à 36.

Notre corps a besoin de l'apport de certains acides gras polyinsaturés[1] car il ne peut les synthétiser lui-même. C'est, en premier lieu, l'acide linoléique dont peuvent dériver : l'acide linolénique ; l'acide di-homo gamma linolénique et l'acide arachidonique.

L'acide linoléique est dit essentiel et doit être apporté par l'alimentation. C'est lui qui intervient dans l'étanchéité des membranes cellulaires, la synthèse des prostaglandines, la fabrication de substances du système nerveux telles la lécithine et la myéline.

Toutefois, l'acide arachidonique peut être obtenu aussi à partir d'une alimentation carnée. Celui-ci ne fait donc jamais défaut dans l'organisme contrairement aux quatre autres. D'autre part, un excès de produits animaux freine la production d'acides linoléique et linolénique.

Cela est d'une grande importance car les prostaglandines de la série 1 (anti-inflammatoires et vasodilatatrices notamment) ne peuvent être fabriquées qu'à partir d'acide linoléique, présent dans le corps, comme nous le verrons plus loin. Cela implique l'utilisation quotidienne d'huiles de première pression à froid. Par contre, les prostaglandines de la série 2 (pro-inflammatoires, vasodilatatrices) sont toujours présentes dans le corps. C'est ce déséquilibre, selon Catherine Kousmine, qui expliquerait bon nombre de nos maladies modernes.

N.B. : C'est, parmi les huiles du commerce, l'huile de tournesol qui est l'une des plus riches en acide linoléique (60-70 %), *l'huile d'olive n'en contient que 2 à 8 %*.

Le *beurre* est essentiellement composé d'acides gras saturés. Il contient aussi des vitamines A et D.

Compte tenu de ce que nous venons d'expliquer, une surconsommation de ces acides gras saturés (par l'intermédiaire du beurre lui-même, de la viande, du gras des laitages et fromages) va favoriser des déséquilibres de santé : cholestérol, maladies circulatoires... et même certains types de cancers.

Les *huiles* sont la principale source d'acides gras insaturés, à condition d'être pressées à froid. Hélas, depuis la dernière guerre, des modifications ont été apportées à la façon d'extraire les huiles. Celles-ci s'obtiennent par chauffage, et, plus récemment, par l'action de solvants. Ces techniques agiraient sur la qualité des huiles, modifiant la structure biochimique des corps gras et la biodisponibilité des enzymes présents dans ces huiles. Il en résulte des huiles que nous qualifions de « mortes », par rapport aux huiles de première pression à froid.

---

1. On les appelle aussi vitamines F.

Les graisses végétales et les margarines : Il s'agit de produits industriels obtenus à partir d'huiles bon marché (de palme et de palmiste par exemple) chauffées, décolorées et hydrogénées le plus souvent pour obtenir une substance dont l'aspect rappelle le beurre. La margarine est obtenue à partir de la graisse végétale par adjonction d'environ 16 % d'eau. Ces produits sont étrangers à la nature et potentiellement nocifs. Il est souhaitable d'éviter d'en consommer sous quelque forme que ce soit.

Les margarines allégées, encore additionnées d'eau, et les beurres allégés, obtenus par mélange de margarine et de beurre, justifient les mêmes réserves.

Pour nous, seules sont valables les huiles de première pression à froid. *De préférence l'huile de tournesol,* facile à se procurer, l'huile de germe de blé, l'huile de noix, l'huile d'olive.

Le carthame et le pépin de raisin ont des graines trop dures pour permettre d'obtenir des huiles à basse température. Les forces de pression déployées échauffent nécessairement les graines et donc l'huile que l'on obtient.

• *Groupe 5 :* Le pain, les céréales, et produits dérivés.

Ces produits sont riches en protéines, en vitamines B, mais surtout en amidon (sucre lent), et, pour le pain complet, en fibres. Ce sont ces deux derniers éléments qui font leur principal intérêt — surtout à notre époque de sédentarité, qui entraîne la constipation, source de maladies diverses.

Un grain entier protégé dans ses enveloppes reste vivant. Lorsqu'on le décortique, on enlève 70 % des vitamines du grain. Un grain décortiqué est mort, il ne contient plus que de l'amidon. Dans les enveloppes se trouve notamment la vitamine B1, qui est indispensable à la bonne assimilation des hydrates de carbone (sucres).

Tout cela explique l'importance de consommer des produits complets et non raffinés. Toutefois, le germe et les enveloppes des graines sont des zones de concentration des pesticides, engrais, et autres produits chimiques. Donc pour consommer une céréale complète, il est indispensable que celle-ci soit de culture biologique.

Le pain n'est plus ce qu'il était. Il s'agissait d'un aliment complet, nourrissant. Le pain blanc est devenu insipide et source de constipation. Le fait d'avoir supprimé les enveloppes du grain prive l'organisme non seulement de vitamines, mais des fibres alimentaires qui retiennent l'eau, augmentent le volume des selles et favorisent ainsi une bonne élimination des déchets.

Un Africain a des selles de 400 à 500 g par jour, avec un temps de

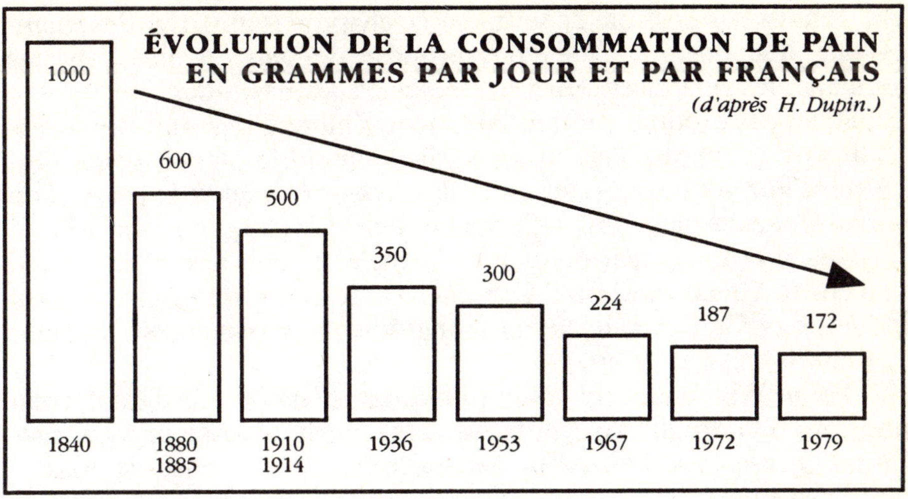

ÉVOLUTION DE LA CONSOMMATION DE PAIN EN GRAMMES PAR JOUR ET PAR FRANÇAIS
(d'après H. Dupin.)

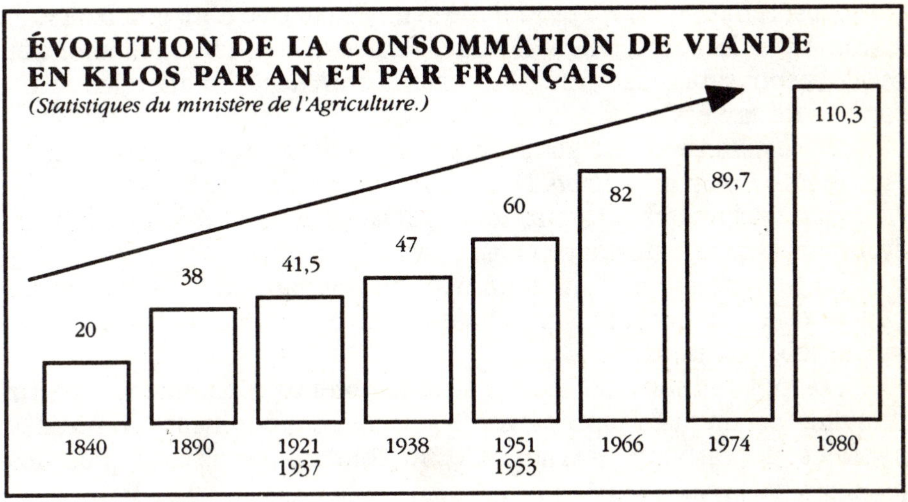

ÉVOLUTION DE LA CONSOMMATION DE VIANDE EN KILOS PAR AN ET PAR FRANÇAIS
(Statistiques du ministère de l'Agriculture.)

transit de trente-cinq heures, tandis qu'un Européen élimine péniblement une selle de 150 g après un transit de soixante-douze heures. Donc pour lutter contre la constipation, l'excès de poids, pensez aux céréales complètes. Attention, la consommation du son seul est susceptible d'entraîner deux inconvénients majeurs :

— un ballonnement intestinal fort désagréable, voire douloureux ;

— un risque dû à la présence des produits chimiques associés, si le son n'est pas de culture biologique. Dans le doute, mieux vaut s'abstenir !

Il n'est pas possible de terminer ce chapitre sans parler des *sucres raffinés* que notre société nous propose de plus en plus dans les bonbons, les friandises, les biscuits, les glaces, les sodas, etc.

Tous ces produits présentent l'inconvénient d'apporter des sucres d'absorption rapide. Pris en excès, ils épuisent le pancréas, qui doit fournir l'hormone nécessaire, l'insuline, pour permettre le passage du sucre depuis le sang dans les organes.

Les *crèmes glacées* obtenues par mélange de sucre et de lait, si l'on en croit le Dr Axel Emil Gibson, sont des préparations hautement indigestes. Cela serait lié aux ingrédients eux-mêmes auxquels s'ajoute la mise au froid.

Selon William Duffy, auteur de *Sugar Blues,* le sucre est devenu une véritable drogue dans notre société. Aussi, pour aider à corriger les problèmes de poids, assiste-t-on désormais à la mise sur le marché de faux sucres.

La saccharine est un produit de synthèse dérivé d'un goudron non assimilé par le corps, elle s'élimine par les urines essentiellement et serait responsable, selon le *Quotidien du Médecin,* d'allergies et de cancers de la vessie.

L'acesulfame K est aussi un produit de synthèse. Il est interdit aux États-Unis par la *Food Drug Administration* (FDA).

Les cyclamates passent dans le sang et se transforment en cyclohexylamine, substance cancérigène.

La thaumatine extraite d'un fruit du Soudan semble sans risque. Hélas, elle est instable à la chaleur, ce qui empêche souvent les industriels de l'utiliser.

Les polyols sont des sucres-alcools obtenus notamment à partir de l'amidon de maïs, après hydrolyse puis réduction catalytique des hydrates de carbone obtenus. Ce ne sont donc pas non plus des produits naturels.

Il existe des monosaccharides hydrogénés :

— le sorbitol, obtenu par hydrogénation catalytique du glucose ;
— le mannitol, dérivé du fructose ;
— le xylitol, dérivé du xylose ;

On trouve également des disaccharides hydrogénés :

— isomalt, dérivé du glucose 1-6 fructose ;
— maltitol, dérivé du maltose ;
— lactitol, dérivé du lactose.

Ils se comportent comme des sucres lents, peu cancérigènes, mais peuvent provoquer des flatulences et des diarrhées. D'autre part, il s'agit de produits de laboratoire et non de produits naturels. Donc à éviter ! D'ailleurs la législation française a fixé l'obligation de faire apparaître, sur les étiquettes des produits qui en contiennent, les mentions suivantes :

— Ne pas donner aux enfants de moins de trois ans.

— Une consommation journalière excessive peut entraîner des troubles gastro-intestinaux sans gravité.

On constate que, si on peut utiliser modérément certains de ces produits, il faudrait éviter d'en faire un usage exclusif.

A notre avis, il est préférable de consommer avec modération un peu de sucre complet qui est une substance naturelle et dont l'assimilation se fait lentement. On évite ainsi aussi bien la frustration que les intolérances ou encore la surcharge pondérale.

Car d'une part ces produits ne sont pas sans effets secondaires et d'autre part ces « faux sucres » consommés de façon exclusive entraîneraient au bout d'un certain temps un besoin de vrai sucre.

En effet si la saveur sucrée peut donner le change au niveau des papilles gustatives, il n'en est pas de même pour l'organisme qui ne s'en contente plus.

Si, dans le même temps, l'utilisateur n'a pas cherché à se déshabituer des saveurs sucrées, l'amaigrissement qui était recherché n'en sera que plus aléatoire et éphémère.

L'eau potable : une notion à repréciser

Un être humain est composé de 60 à 80 % d'eau selon son âge. Les 50 milliards de cellules qui composent son corps contiennent de 40 à 80 % d'eau. Cette eau, riche en sels minéraux, est douée d'une grande conductivité, et des travaux récents (Smith, Prygogine, Popp) ont mis en évidence le fait que les cellules communiquent entre elles grâce à un dialogue électromagnétique.

On peut analyser le terrain biophysique d'un patient, à partir de son sang, de sa salive et de son urine, et en déterminer où il se situe dans l'échelle de PH, de résistivité et d'oxydo-réduction mise au point par le professeur Vincent il y a plus de quarante ans. Une eau de bonne qualité doit se situer entre 6 et 7 dans l'échelle de PH, c'est-à-dire être légèrement acide et avoir une résistivité de plus de 10 000 ohms, c'est-à-dire, pour cela, n'être point trop chargée en sels minéraux.

Si tel n'est pas le cas, il peut y avoir ralentissement des échanges cellulaires et perturbation de l'activité enzymatique, qui règle la fonction assimilation-élimination de l'organisme.

Quotidiennement, nous perdons 1700 ml à 2000 ml d'eau par notre transpiration (500 ml), notre respiration (500 ml), la miction (500 ml), et la défécation (200 ml). Cette perte d'eau doit obligatoirement être compensée par nos aliments et par l'eau de boisson. Il faudrait systématiquement boire 1,5 l d'eau « pure » par jour.

Selon un arrêté du 10 avril 1961 de la législation française, une eau potable est une substance inodore, incolore et sans saveur, dépourvue de tout organisme parasite ou pathogène. En aucun cas n'est mentionnée la notion de PH et de résistivité. Or, il faut savoir que la plupart des eaux minérales sont alcalines et oxydées, alors qu'elles devraient être acides et réduites !

Deux eaux vendues dans le commerce répondent aux normes biophysiques de bonne santé définies par le professeur Vincent :

— l'eau du mont Roucous : sels minéraux 18 mg/l, PH 6,12, résistivité 43500 ohms ;

— l'eau de Volvic : sels minéraux 110 mg/l, PH 7, résistivité 18000 ohms.

Mais il existe d'autres moyens d'obtenir de l'eau pure, même souvent plus pure que les meilleures eaux de source du commerce, qui sont bactériologiquement critiquables pour des raisons de conditionnement et de durée de stockage.

A ce jour, le procédé permettant de fournir une eau la plus proche de l'eau définie précédemment est le processus de purification par osmose inversée.

L'osmose consiste en un transfert de molécules d'un milieu aqueux à un autre par l'intermédiaire d'une membrane semi-perméable.

Lorsque l'on sépare deux solutions de concentration minérale différente au moyen de ladite membrane, on constate un curieux phénomène : l'augmentation de volume du liquide dans le vase contenant la solution la plus concentrée. En effet, la nature a tendance à équilibrer les deux solutions en diluant la plus concentrée. C'est par osmose que nos cellules assimilent la plupart des substances qui leur sont nécessaires. C'est aussi par osmose que fonctionnent nos reins, et c'est encorc par ce phénomène que les végétaux puisent dans le sol l'eau dont ils ont besoin. L'osmose est un processus fondamental à l'origine de la plupart des échanges vitaux.

Grâce au procédé de l'osmose inversée, on obtient à partir d'une eau du robinet chargée en nitrates et autres polluants modernes une eau aussi pure que si elle sortait d'une source naturelle.

Il existe dans le commerce des appareils fonctionnant selon le principe de l'osmose inversée ; leur vocation est d'ajuster les paramètres bioélectroniques (pH, résistivité, oxydo-réduction), de retenir les éléments polluants chimiques (pesticides, insecticides, détergents, contaminants radioactifs, nitrates, nitrites, phosphates, sulfates...) et particulaires (amiante) ainsi que les bactéries, virus et champignons.

Depuis quelques années, on assiste dans de nombreuses régions de France à une augmentation incessante de la teneur en nitrates au niveau des nappes phréatiques et par conséquent dans l'eau de consommation courante. L'agriculture industrielle ainsi que l'élevage sont en partie responsables de ce phénomène.

Notre ministère de l'Environnement affirme qu'une eau contenant plus de 100 mg/l de nitrates est impropre à la consommation. Selon ces mêmes sources, le maximum admissible pour un organisme adulte serait de 50 mg/l environ (pour les femmes enceintes, ce chiffre devrait être abaissé).

Les normes étrangères, bien plus réalistes que les nôtres, recommandent la consommation d'une eau dont la teneur en nitrates est comprise entre 20 et 45 mg/l.

On comprend donc la nécessité de se procurer une eau pure par ses propres moyens, à savoir filtrer soi-même l'eau du robinet avec un appareil fonctionnant selon le principe de l'osmose inversée et qu'on se gardera de confondre avec les adoucisseurs d'eau ou les simples filtres, aimantés ou non, qui n'ont pas du tout la même mission.

Un régime idéal ?

S'il est des aliments qui doivent être évités et d'autres qui sont nécessaires à chacun, il serait vain de prétendre établir un type idéal de régime. Tout le monde ne grossit pas de la même façon, car chacun assimile les aliments en fonction de sa constitution. Et c'est bien là le problème.

Aussi est-il faux de croire qu'il suffit de manger moins pour maigrir. Certains malades font quatre à cinq repas par jour et ont beaucoup de peine à ne pas maigrir, d'autres prennent cinq cents grammes de poids rien qu'à regarder la vitrine d'un chocolatier ! On grossit souvent parce qu'on équilibre mal ses repas ou que l'on mange trop vite, parce que l'on est trop nerveux, anxieux, et que l'on abuse des sucreries pour compenser son stress. Le sucre dans notre inconscient représente le sein de la mère. Ne donne-t-on pas comme premier repas au nouveau-né de l'eau et du sucre ? Le mal est fait. Nos cellules, qui enregistrent ainsi le message, réagiront en conséquence. Plus tard, face à une situation de stress nous aurons recours au sucre !

En fait, dans le problème de la surcharge pondérale, tout est une question de métabolisme et de psychisme. Le métabolisme est sous l'influence des sécrétions hormonales produites par les glandes endocrines (hypothalamus, épiphyse, hypophyse, thyroïde, parathyroïdes, pancréas, surrénales, ovaires chez la femme, testicules chez l'homme).

Ces glandes ont des interactions. Le dérèglement de l'une a nécessairement des répercussions sur les autres. On décrit quatre types de surcharge pondérale, en fonction de la glande le plus spécialement incriminée :

• *Le type surrénalien :* Le sujet est attiré par le sel. La prise de poids se fait autour du ventre et au-dessus de la ceinture. Le rééquilibrage alimentaire demande :
— d'éviter le sel et les viandes rouges ;
— de consommer des légumes, des fruits, des céréales complètes, de la volaille, du poisson, des produits laitiers et des desserts deux fois par semaine.

• *Le type thyroïdien :* Il se caractérise par un empâtement du ventre, des hanches, des cuisses, alors que les extrémités restent fines (poignets, chevilles). Le rééquilibrage alimentaire demande :
— de supprimer le café ;
— de bannir les sucres (et les céréales raffinées) ;
— de consommer des œufs (1 à 2 par jour), de la volaille, du poisson, peu de viandes rouges (1 à 2 fois par semaine), des céréales uniquement complètes, beaucoup de légumes.

Il faut savoir que le surmenage provoque des fringales auxquelles il faudra résister en prenant des liquides, un fruit, un œuf dur.

• *Le type hypophysaire :* Le sujet est d'aspect potelé, avec un visage rond. A noter, la cellulite au niveau des genoux. Il convient :
— de réduire les produits laitiers ;
— de supprimer les sucres et céréales raffinées ;
— d'éviter le café ;
— de manger beaucoup de légumes ;
— de consommer des céréales complètes et des fruits, raisonnablement.

• *Le type gynoïde :* Il est caractérisé par une surcharge pondérale aux hanches, aux fesses, aux cuisses et aux jambes. Les suites de grossesse provoquent souvent cet état, par épuisement des ovaires. Le rééquilibrage alimentaire demande :

— d'éviter les épices ;

— d'éviter les viandes rouges et les aliments riches en matières grasses (glaces, crème fraîche, produits laitiers) ;

— de consommer des céréales complètes, des légumes, des légumineuses, des fruits, peu de volaille et de poisson.

Dans ce cas précis, durant toute la période d'amaigrissement, on peut modifier l'équilibre des repas en prenant le plus important de ceux-ci le soir.

La cellulite

Cette accumulation, douloureuse au toucher, d'eau et de graisse dans le tissu sous-cutané est une hantise de la femme moderne, car il s'agit d'une affection disgracieuse, et les moyens thérapiques qui s'y opposent sont traumatisants :

— le gant de crin active la circulation en massant les tissus, il est anodin, mais hélas peu efficace ;

— l'opération de chirurgie esthétique vise à retendre les tissus. Cela ne peut être fait que si la personne a déjà perdu du poids et est déterminée à éviter d'en reprendre ;

— une autre technique, la liposuccion, consiste à aspirer la cellulite. Mais là encore, il est nécessaire de faire en sorte que la cellulite ne se reforme pas. Or, jusqu'à présent, personne ne donne d'explication à ce phénomène d'encrassement tissulaire plus ou moins localisé. Pour les femmes, il s'agit avant tout des hanches et des cuisses. Pour les hommes, du ventre. Cette différence est liée certainement à des caractères sexuels secondaires, mais il existe surtout des problèmes de ralentissement circulatoire et fonctionnel des organes de la région en cause.

A notre avis, la cellulite est un tissu que le corps fabrique lorsqu'il a besoin de neutraliser des substances indésirables et inassimilables.

L'industrie coule dans du béton les produits toxiques ou radioactifs qu'elle ne peut détruire avant de les enfouir dans des carrières désaffectées. L'organisme fait certainement de même en neutralisant les produits qu'il ne peut métaboliser, sans doute essentiellement des résidus de produits chimiques (engrais, pesticides, colorants, conservateurs, agents de sapidité, stabilisateurs et autres...) qu'utilise l'industrie agro-alimentaire, et que nous ingérons malgré nous.

Ces déchets sont noyés dans de l'eau et de la graisse et déposés ensuite là où est ralentie la circulation sanguine. Aussi, pour lutter contre ce fléau, nous pensons qu'il est nécessaire :

— d'éviter d'absorber des substances chimiques, en privilégiant les produits biologiques, frais et naturels, plutôt que les produits industriels ;

— de traiter le ralentissement circulatoire associé, par de l'exercice physique et au moyen d'extraits de plantes, en évitant les médicaments de synthèse.

2.

LA NOURRITURE DE LA FUTURE MÈRE

Des aliments à privilégier

Pendant ses neuf mois de grossesse, la femme va traverser diverses périodes qui vont transformer son corps et sa condition.

Au début, les règles s'arrêtent et une quantité plus importante d'hormones est produite. La femme subira peut-être plus d'émotions, aura des envies particulières et, si son état est déséquilibré, elle sera sujette à des nausées.

Il faut profiter de cet état aigu de réceptivité intérieure et extérieure pour équilibrer ou rééquilibrer sa nutrition. Bien entendu, le même régime ne convient pas à tout le monde. Il faut tenir compte de l'âge, du poids, de l'activité et de la saison, mais sommairement les différents types d'aliments devraient être consommés dans les proportions indiquées dans le schéma suivant :

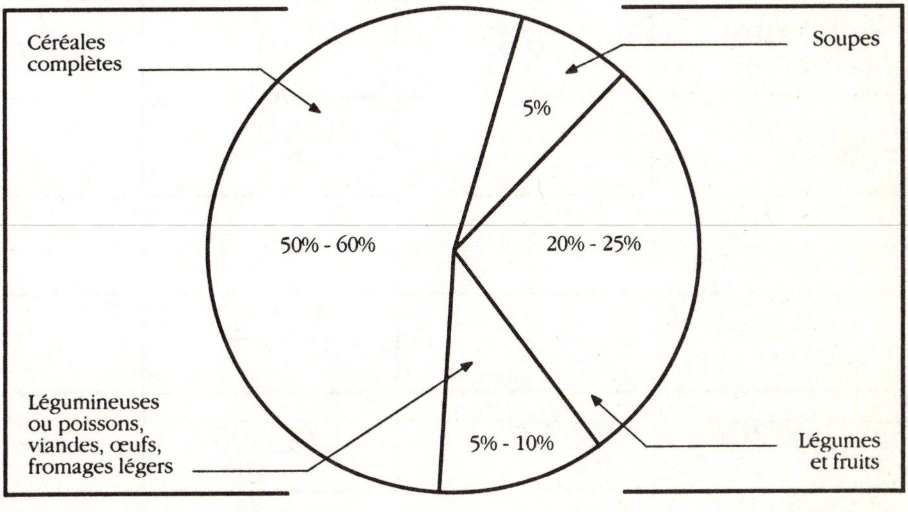

MÉTABOLISME BIOMINÉRAL

MICRONUTRIMENTS VITAMINIQUES ET MINÉRAUX

VITAMINES	Prématuré 100 Kcal	Nourrisson (par jour)	Enfant (par jour)
A (UI) (axérophtol)	250 - 500	1300 - 1400	2500 - 300
D (UI) (antirachitique)	400 - 1200	400 - 1200	400
E (UI) (α–tocophérol)	5	3 - 5	12 - 15
K (mg) (philloquinone)	5 - 40	10 - 20	50 - 100
C (mg) (acide ascorbique)	25	35	40 - 60
B1 (mg) (thiamine)	0,1	0,3 - 0,4	1,2
B2 (mg) (lactoflavine)	0,2	0,4 - 0,6	1,4
B6 (pyridoxine)	0,1	0,3 - 0,6	1,6
PP (mg) (= vitamine B3)	0,5	6	14
B5 (mg) (acide panthoténique)	0,4	2 - 3	7 - 10
B12 (ng) (cyanocobalamine)	0,4	0,5 - 1	2
B9 (ng) (acide folique)	25	30 - 50	300
B10 (ng)	5	35 - 90	50 - 100

APPORTS ENTÉRAUX QUOTIDIENS RECOMMANDÉS EN VITAMINES

Adolescent (par jour)	F. enceinte	Allaitante	Adulte
2700 - 3200	4000 - 4600	4500 - 5200	3500 - 4000
400	400 - 1000	400 - 1000	400
12 - 15	17	18	12 - 15
50 - 100			50
60 - 100	80	100	60 - 100
1,3 - 1,5	2	2	1,3 - 1,8
1,8	2	2	1,8
2 - 2,2	2,6	2,6	2,2
15 - 18	20	20	18
7 - 10	7 - 10	7 - 10	7 - 10
3	4	4	3
400	800	600	400
100 - 300	100 - 300	100 - 300	100 - 300

SELON : UNIVERSITÉ PAUL SABATIER LABORATOIRE DE CHIMIE BIOINORGANIQUE 31400 TOULOUSE.

Les céréales complètes en grains : Nous vous conseillons d'utiliser des céréales complètes, en grains capables de germer, que vous moudrez au besoin vous-même au dernier moment. Consommez le moins possible de flocons du commerce, de farines déjà moulues (elles perdent leurs principes actifs au bout de quarante-huit heures), de pâtes, même complètes, et de préparations toutes prêtes.

Vous pouvez utiliser quotidiennement le riz brun rond, le millet, l'orge, l'avoine complète, le blé et le sarrasin non grillé.

Les soupes : A partir du moment où elles sont cuisinées selon notre méthode, les soupes sont très minéralisantes ; quant aux soupes crues, elles constituent une importante source de vitamines. On pourra en boire un ou deux bols par jour.

Les légumes : Chaque repas devrait comprendre 1/4 à 1/3 de légumes de saison, crus ou cuits à la vapeur douce.

— Les légumes à utiliser le plus régulièrement possible sont : les salsifis, les carottes, les navets, spécialement les navets longs nouveaux, les oignons, les radis, les rutabagas, les panais, les choux-fleurs, toutes les variétés de la citrouille, les brocolis, les choux de Bruxelles ainsi que toutes les autres espèces de choux, les pissenlits, le persil, le cresson, les poireaux, la ciboule, la ciboulette, les fanes de carottes et de navets (en potage).

— Les légumes à utiliser occasionnellement sont : le céleri, le concombre, les endives, la scarole, les champignons, la romaine, le chou-rave, les petits pois, les pois cassés, les melons, les haricots verts, les blettes, les courgettes, le fenouil et les épinards.

— Les légumes à éviter sont : les asperges, l'avocat, l'aubergine, le poivron rouge et vert, la tomate, la pomme de terre, l'oseille...

Les poissons : Nous vous recommandons les flétans, les soles, les carpes, les aiglefins, les truites, les palourdes, les huîtres, les éperlans, les coquilles Saint-Jacques, les crevettes. Demandez à votre poissonnier des poissons *petit bateau :* ils sont plus frais que ceux que rapportent les chalutiers qui restent en mer des jours et des jours avant de débarquer leur cargaison.

Les viandes : Évitez de consommer trop de viande rouge. Vous préférerez les volailles fermières et le foie d'animaux nourris selon la méthode biologique.

Les œufs : Vous les préférerez le plus frais possible et d'origine biologique. Nombreux sont les marchés biologiques où on les trouve. Il suffit de s'organiser un peu.

Les oléagineux : Choisissez-les pas trop gras et ne les consommez pas en trop grandes quantités. Vous privilégierez les amandes, les noix et le sésame complet très riche en calcium et en phosphore.

Les assaisonnements : Évitez les assaisonnements préparés chimiquement. Préférez les vinaigres de vin naturels, les vinaigres de riz, le tamari (ou sauce soja), le gingembre frais et éventuellement les moutardes diététiques exemptes d'antioxydant artificiel.

D'une manière générale, il vaudra mieux éviter :

Parmi les produits animaux : la viande rouge, la viande de porc, le veau.

Parmi les sous-produits animaux : le beurre, la crème fraîche, le lait, les crèmes glacées, les fromages à pâte cuite.

Parmi les produits sucrés : les sucres raffinés (blancs, roux), la mélasse, la saccharine et autres adoucissants artificiels, le fructose, le sirop d'érable, le chocolat... et d'une manière générale les desserts.

Parmi les excitants : l'alcool, le café fort, les piments, le vinaigre d'alcool.

Parmi les poissons : les poissons fumés, les poissons salés (morue), les œufs de poisson (œufs de saumon, caviar, œufs de lump), les poissons en conserve, les poissons panés.

Parmi les graisses : le saindoux, les margarines, même diététiques, les huiles végétales raffinées de toute sorte, la graisse de palme.

Parmi les noix : les noix de cajou, les noix du Brésil, les pistaches.

Parmi les aliments industriels : les aliments instantanés, les aliments en boîte, même diététiques, les aliments surgelés, les farines du commerce (blanches ou complètes), le riz blanc... et, d'une manière générale, tous les aliments préparés industriellement car ils contiennent des additifs, des conservateurs, des stabilisateurs, des émulsifiants, des colorants artificiels, des vitamines de synthèse...

Parmi les boissons : toutes les boissons autres que l'eau de source : les boissons artificielles, pétillantes, gazeuses de régime, les jus de fruits en conserve, même 100 % naturels, ces derniers ne sont plus des produits *vivants.*

Pour un supplément de vitamines et de minéraux

On le voit, les recommandations alimentaires concernant la femme enceinte ne sont pas fondamentalement différentes de celles qui s'adressent à chacun. Ce qui est nocif pour la future mère et le bébé qu'elle porte est rarement bon en d'autres circonstances, ce qui est bénéfique durant cette période l'est aussi en temps ordinaire.

Cependant, si la femme enceinte ne doit pas « manger pour deux », il n'en est pas moins vrai que son régime alimentaire doit comporter un certain nombre d'éléments en plus grande quantité. Cela est particulièrement vrai pour les vitamines et certains nutriments minéraux comme le fer, le calcium ou le magnésium.

Le tableau qui suit permet de comparer les besoins en vitamines de la femme enceinte avec ceux de l'adulte en temps normal. Puisque ce livre traite aussi de l'allaitement et de l'alimentation de l'enfant, nous y avons joint les chiffres relatifs au nourrisson, à l'enfant et à la femme qui allaite.

Si l'on veut absorber telle vitamine en quantité convenable sans augmenter d'autant sa ration journalière de nourriture, il faudra donc privilégier un certain nombre d'aliments particulièrement riches en la vitamine considérée. Il en est de même pour certains éléments minéraux.

Pendant la grossesse, pour être au mieux de votre forme et satisfaire les besoins de l'enfant, il vous faudra augmenter la consommation d'aliments riches en fer et en favoriser l'absorption. Les besoins peuvent aller jusqu'à 1 000 mg/jour !

Il vous faudra également augmenter la consommation d'aliments riches en calcium car les besoins sont plus élevés dès le début de la grossesse. Tout le calcium que la femme mettra en réserve dans ses os au cours des premiers mois se transférera au fœtus au cours des derniers mois. Ensuite, quand elle allaite, la femme transmet par le lait maternel 200 à 350 mg de calcium par jour à son bébé. Enfin, la femme enceinte a des besoins très élevés en magnésium et, lorsqu'elle allaite, elle fournit environ 40 mg de magnésium par jour à son bébé.

L'ART DE CONSOMMER LE FER

Les besoins pendant la grossesse sont de 20 mg par jour. Si l'on veut en absorber suffisamment sans manger deux fois plus, il faudra privilégier les légumes bien verts, les fruits, les céréales complètes, les foies d'animaux et les œufs. Cependant, il faut savoir que, si certains éléments favorisent l'absorption du fer, certains nuisent à son absorption.

Les aliments riches en vitamine C favoriseraient une absorption deux à trois fois plus importante. Il faudrait en consommer 75 mg par repas, ce qui est relativement simple à trouver dans les végétaux crus. C'est pourquoi nous vous conseillons de toujours commencer vos repas par une crudité assaisonnée avec du citron.

La chair animale, quelle qu'elle soit, favorise aussi l'absorption du fer. Une ration de 30 mg par repas suffit. Par exemple le fer d'une

TENEUR EN FER DES ALIMENTS (mg/100 g)			
Aliments	*Teneur en fer mg/100 g*	*Aliments*	*Teneur en fer mg/100 g*
Sucre	0	Ananas	0,4
Pain blanc	0,4-0,8	Avocat	1,4
Blé (farine)	2,2-3,6	Fraise	0,7
Maïs (farine)	3,0-3,4	Goyave	1,3
Mil (farine)	2,0-3,3	Mangue	1,2
Teff (farine)	14,9-105,0	Orange	0,1
Sorgho (farine)	8,6-10,0	Raisin	0,8-2,1
Riz brun	0,5-2,0	Papaye	0,6
Riz blanc poli	0,3-1,7	Viande de mouton	1,5-2,5
Banane plantain	1,3	Viande de bœuf	2,9-5,6
Igname	0,8-1,6	Cœur de bœuf	4,0
Manioc	0,7-1,9	Viande de porc	1,5-2,3
Patate douce	0,2-5,7	Poulet	1,1-2,0
Pomme de terre	0,8-1,1	Foie-abats	8,0-18,0
Arachide	3,8	Œuf de poule	2,0-2,6
Haricot	1,4-9,6	Huître	6,0-7,0
Lentille	7,0	Brochet	0,8
Niebé	7,6	Capitaine	4,1
Pois chiche	11,2	Dorade	1,4
Soja (farine)	6,0	Maquereau	1,2
Baobab (feuilles séchées)	24,0	Sardine	1,3
Carotte	0,7	Sole	0,4
Épinards	1,7-4,4	Tilapia	3,2
Laitue	1,0	Lait de vache	0,03-0,05
Gombo	1,2	Lait maternel	0,07-0,15
Courge	2,8	Beurre	0,2
Tomate	0,6	Chocolat	1,6-2,4
Piment rouge	2,9	Vin	5,0-25,0

Source : La carence en fer, Dr S. Hercberg, Éditions Médicales Internationales.

CŒFFICIENT D'ABSORPTION DU FER ALIMENTAIRE

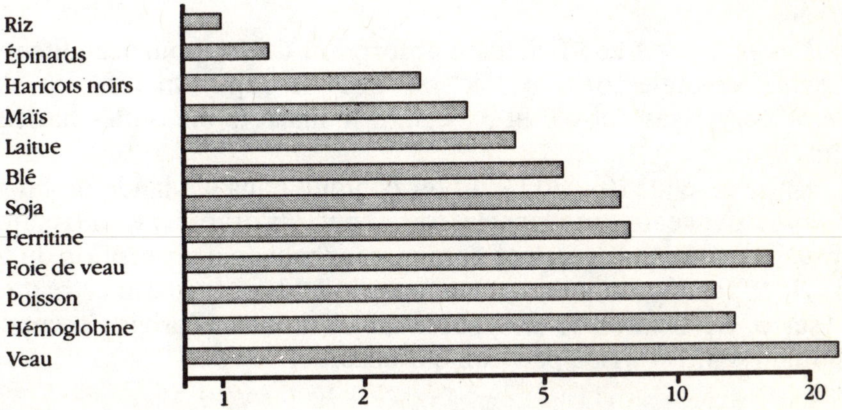

Absorbtion du fer contenu dans dif férents aliments d'origine végétale et animale en %.
(Serge Hercberg - La carence en fer - *Éditions Médicales Internationales).*

portion de riz complet avec des légumes sera mieux absorbé avec une petite quantité de poulet ou de poisson.

Le vin naturel pris en quantité modérée semble favorable à l'absorption du fer.

Le thé, quant à lui, est le pire ennemi du fer.

Les produits laitiers pris pendant le même repas aussi, car le calcium entre en compétition avec le fer. Il vaudra mieux consommer les produits laitiers à un repas privilégiant l'absorption de calcium.

• *Des petits trucs pour plus de fer*

— Mangez des fruits secs, en particulier des figues.

— Saupoudrez de noix hachées vos yaourts, vos crudités, vos compotes et vos céréales.

— Remplacez la confiture par une purée de figues.

— Utilisez largement le thym dans vos préparations.

— Saupoudrez de cannelle vos compotes, vos yaourts et vos laitages.

— Ne négligez pas les champignons, relativement riches en fer.

— Utilisez les lentilles en les mélangeant à des farces, ou dans des salades.

• *Pour résumer*

— 45 g de céréales complètes donnent 6 mg de fer.

— 90 g de foie donne 12 mg de fer.

— 90 g d'épinards cuits donnent 6,8 mg de fer.

— 90 g d'huîtres donnent 5 mg de fer.

Selon divers travaux, on observe que 1 à 2 % du fer contenu dans le riz et les épinards sont absorbés chez des sujets considérés comme normaux.

Les plus forts coefficients d'absorption du fer pour les aliments d'origine végétale sont de 5 à 7 % pour le soja. On retrouve des valeurs comprises entre 1 et 5 % pour le maïs, le blé ou les haricots noirs.

En revanche, 10 à 20 % du fer contenu dans la viande de bœuf, de porc, de veau, ou dans le foie, sont absorbés chez les sujets normaux. La femme enceinte aura un taux moyen d'absorption du fer plus élevé que la normale, surtout à partir du deuxième trimestre de sa grossesse. Seul parmi le fer provenant d'aliments d'origine animale, celui de l'œuf est assez pauvrement absorbé.

L'ART DE CONSOMMER LE CALCIUM

Les besoins pendant la grossesse sont de 1200 mg par jour. Bien sûr les produits laitiers sont les plus riches en calcium, mais les légumineuses, certains légumes, certains poissons et certains fruits en sont riches également.

L'activité physique favorise l'absorption du calcium. Moins l'on bouge, plus on se fragilise et plus le calcium « fuit ».

La vitamine D est l'élément essentiel pour une bonne absorption. On la trouve dans les poissons gras et les huiles de poissons. Un ensoleillement minimum contribue également à la fixation du calcium.

En revanche, *trop de protéines animales* nuisent à l'absorption du calcium. Une ration de 100 g de viande ou de poisson par jour, en plus des céréales, des légumes et des produits laitiers, satisfait les besoins de protéines sans nuire à l'absorption du calcium.

Le café pris en grande quantité accroît l'élimination du calcium.

L'alcool pris en grande quantité nuit à l'absorption du calcium. Il affecte en outre le métabolisme du magnésium et le fonctionnement du foie.

• *Des petits trucs pour plus de calcium*

— Assaisonnez de gruyère râpé vos légumes vapeur.

— Allégez les sauces de vos salades en ajoutant du yaourt à votre assaisonnement.

— Sucrez vos yaourts au sucre complet.

— Tartinez votre pain ou élaborez des sauces avec de la purée de sésame.

— Usez et abusez des graines de sésame dans toutes vos préparations.

• *Pour résumer*

— 5 figues sèches donnent 135 mg de calcium.

— 190 g de brocolis cuits donnent 187 mg de calcium.

— 90 g de sardines à l'huile donnent 390 mg de calcium.

— 2 cuillerées à soupe de graines de sésame donnent 183 mg de calcium.

L'ART DE CONSOMMER LE MAGNÉSIUM

Les besoins pendant la grossesse sont de 400 mg par jour. Tout comme pour le calcium et le fer, les aliments de prédilection du magnésium sont les légumineuses, les céréales complètes, les fruits et les légumes.

Un milieu digestif acide favorise l'assimilation du magnésium. Un repas complet avec protéines animales, céréales et légumes aide à cette absorption parce qu'elle stimule la sécrétion d'acides dans l'estomac.

Un excès de gras, par contre, quel qu'il soit, réduit les possibilités d'absorption du magnésium au niveau de l'intestin.

Un excès de sucre blanc et d'alcool augmente à la fois les pertes et les besoins en magnésium.

Un excès de protéines est défavorable à l'absorption du magnésium aussi bien que du calcium.

• *Des petits trucs pour plus de magnésium*

— Utilisez les figues sèches en compotes, en pâte à tartiner, en morceaux. En ajouter aux yaourts, aux bouillies d'avoine, dans les salades.

— Incorporez des feuilles de bettes hachées ou d'épinards à vos salades.

— Ajoutez des amandes ou des graines de tournesol à vos salades.

— Mangez des brocolis deux à trois fois par semaine en légumes, en purée, en potage.

— N'oubliez pas les légumineuses.

— N'hésitez pas à utiliser du tofu dans vos préparations.

• *Pour résumer*

— 35 g de céréales complètes donnent 123 mg de magnésium.

— 190 g d'épinards cuits donnent 130 mg de magnésium.

— 185 g de bettes cuites donnent 150 mg de magnésium.

— 18 g de graines de tournesol donnent 66 mg de magnésium.

— 10 g de graines de sésame complet donnent 64 mg de magnésium.

— Une portion de légumineuses fournit 90 mg de magnésium.

La surveillance médicale de la femme enceinte

Bien que la grossesse soit un état naturel, elle nécessite une surveillance tout autant de la mère que de l'enfant. Aussi la législation a-t-elle prévu pour en contrôler le bon fonctionnement des examens obligatoires avant le 3e mois, puis aux 6e, 8e et 9e mois de grossesse.

Pour cela il convient de faire en temps voulu une déclaration de grossesse. La rédaction des formalités par le médecin doit s'accompagner de la demande d'examens du sang et des urines, permettant le groupage rhésus[1] et le dépistage de maladies susceptibles d'être

1. Un père rhésus positif et une mère rhésus négatif doivent faire l'objet d'une surveillance si un premier enfant rhésus positif est déjà né. Cela implique le dépistage

transmises à l'enfant — la syphilis, le sida, le diabète, l'insuffisance rénale — ou encore des maladies contagieuses que la future mère pourrait contracter au cours de la grossesse et transmettre à l'enfant (rubéole, toxoplasmose, etc.).

LES DEUX MOMENTS CRUCIAUX DE LA GROSSESSE

Il existe deux périodes délicates pendant les neuf mois de la grossesse. Ce sont le premier et le troisième trimestre.

Le premier trimestre est celui où l'implantation de l'œuf doit se faire. C'est durant cette période que l'on risque le plus l'avortement. Tout saignement constitue une menace d'avortement et justifie un bilan de santé. C'est pourquoi l'échographie est un examen précieux. Elle permet :

— de vérifier l'implantation placentaire ;

— de repérer une grossesse multiple (ce qui en modifie nécessairement le déroulement et la surveillance dont elle doit faire l'objet).

L'échographie est considérée comme sans danger, puisqu'il s'agit d'un procédé à ultrasons (principe des sonars de bateaux, permettant la recherche des sous-marins), contrairement à la radiographie qui est une émission de rayons X susceptibles d'engendrer des malformations chez l'enfant. *La radiographie est interdite en cours de grossesse.*

Cependant, aussi utile soit-elle, l'échographie n'est pas un examen à répéter de façon inconsidérée. En effet, on a pu mettre en évidence que l'enfant est sensible à tout ce qui l'environne — bruits, mouvements... C'est ainsi que, chez le fœtus plus grand, on a remarqué que le rythme cardiaque et les mouvements *in utero* se modifient selon que la mère écoute de la musique classique ou moderne : les musiques douces ont un effet apaisant, contrairement à nos musiques modernes. Les ultrasons sont donc perçus par l'enfant, et moins on perturbe celui-ci, mieux il se porte ! Évitons donc les examens superflus. Trois échographies sont un maximum pour une grossesse normale.

Parmi les causes les plus fréquentes d'avortement du premier trimestre, on note :

— *la grossesse extra-utérine :* favorisée par des lésions des

---

de ce que l'on nomme des agglutinines, dont la production se déclencherait lors d'une nouvelle grossesse, comme s'il s'agissait pour la mère de rejeter un corps étranger à son organisme. Cet état peut alors nécessiter une exsanguino-transfusion de l'enfant à sa naissance.

trompes, dues bien souvent à des antécédents tuberculeux ou vénériens, ou encore aux suites d'interruptions volontaires de grossesse. La migration de l'œuf ne se fait pas correctement et l'implantation ne peut avoir lieu dans l'utérus. L'œuf se développe dans la trompe jusqu'au moment où celle-ci, étant devenue trop petite pour lui, menace de se rompre. Il en résulte des douleurs et un risque de saignement dans le péritoine, ce qui nécessite une intervention chirurgicale avec ablation de la trompe en cause ;

— *une malformation majeure,* souvent chromosomique, qui aboutit rapidement à un œuf non viable que l'organisme expulse.

— *une insuffisance hormonale.* A la fin du premier trimestre, le fonctionnement du corps jaune diminue, et le placenta assure, en principe, le relai. Si l'œuf est mal implanté, le placenta mal irrigué ne produit pas les hormones nécessaires au bon déroulement de la grossesse, et l'œuf s'atrophie. Un apport hormonal complémentaire est alors nécessaire. Le traitement homéopathique conseillé au paragraphe suivant aide à éviter ces complications en stimulant d'une façon harmonieuse les organes.

Les nausées

C'est durant le premier trimestre que l'on rencontre le problème des nausées. On connaît toujours mal leur origine, mais on peut en évoquer deux causes :

— *une cause psychologique.* Bien des femmes se trouvent enceintes sans le désirer. La nausée correspond alors à une manifestation de l'inconscient qui refuse cette situation ;

— *une cause hépatique.* On rencontre en effet des nausées chez des jeunes femmes qui désirent un enfant et sont ravies d'être enceintes. C'est pourquoi nous pensons qu'il existe une origine due aux modifications hormonales, liées à la grossesse. Chez une femme dont le foie est surmené, cet état va entraîner une surcharge et provoquer les nausées, jusqu'à ce que s'adapte le foie et se stabilisent les sécrétions hormonales.

Durant toute la grossesse, il sera nécessaire de surveiller également le poids, la tension artérielle et la formule sanguine.

Le poids : On admet que la prise de poids durant la grossesse ne doit pas excéder 10 kg. Encore faut-il savoir que durant le premier trimestre cette augmentation doit être quasiment nulle.

La tension artérielle : Elle peut s'abaisser en fonction d'un surmenage. Ceci entraîne des malaises à ne pas confondre avec de l'hypoglycémie (manque de sucre), ou de la spasmophilie (hyperexcitabilité neuromusculaire qui peut résulter d'une carence en magnésium).

La formule sanguine : Une chute du taux de fer dans le sang entraîne une baisse de la charge des globules rouges en hémoglobine, c'est-à-dire une anémie. Il en résulte une perturbation des échanges gaz carbonique-oxygène. Un apport de fer aussi naturel que possible est souhaitable.

En cas d'anémie, on prescrira de l'acide folique (vitamine B9) pour favoriser la production des globules rouges.

On surveillera aussi le *calcium* dont l'apport sera aussi naturel que possible et dont la fixation sera favorisée par de la vitamine D.

Enfin, le troisième trimestre est celui de l'achèvement de l'enfant et de l'accouchement. Il faudra prendre garde à un accouchement prématuré. Mais même ceci n'est plus un problème car les progrès actuels permettent de mettre en couveuse des enfants de huit mois.

En fait la surveillance du troisième trimestre se résume souvent à déterminer si l'accouchement se fera par les voies naturelles, ou s'il faut prévoir une césarienne. Dans ce cas-là, il importe de choisir le bon moment pour intervenir.

N.B. : Un gynécologue parisien a constaté qu'un abondant apport quotidien en vitamines F (acide linoléique, contenu dans deux cuillerées à soupe d'huile de tournesol vierge) pendant toute la grossesse supprime la prématurité !

Du début de la grossesse à l'accouchement et même après...
L'avantage de l'homéopathie

GROSSESSE : PRUDENCE AVEC LES MÉDICAMENTS

La grossesse est un état qui requiert des précautions dans l'emploi de nombreux produits pharmaceutiques.

En effet, la plupart des substances qui passent dans le sang ont la possibilité de traverser la barrière que constitue le placenta et peuvent alors agir sur l'enfant. Dans le doute d'un risque éventuel pour lui, mieux vaut donc s'abstenir. C'est pourquoi, durant toute la grossesse, la mère ne devrait prendre aucun médicament, aussi anodin soit-il, sans avis médical. Même les vitamines — notamment de synthèse — doivent être utilisées avec prudence. La vitamine A et la vitamine D prises en excès induisent des effets secondaires : maux de tête, vertiges, troubles de la vision avec la vitamine A, perturbation des processus de calcification avec la vitamine D.

Outre des principes actifs, chaque médicament comporte des composants qui permettent sa présentation sous la forme choisie : sirop, comprimé, gélule... Ce sont des arômes, des colorants, des cires et d'autres substances qui peuvent être responsables à elles seules d'intolérances, d'allergies ou d'effets secondaires. Ces derniers ne sont hélas jamais évidents ni connus.

C'est dire que même pour le médecin, traiter une femme enceinte est délicat. Aussi proscrira-t-on impérativement toute automédication. Mais cela ne veut pas dire pour autant qu'aucune thérapeutique ne soit possible. L'homéopathie, notamment, permet de traiter efficacement durant cette période délicate. Du fait qu'il est employé à des doses infinitésimales, le médicament homéopathique ne présente pas de contre-indications chez la femme enceinte. Il n'y a pas de surdosage ni d'effets secondaires tant pour la maman que pour l'enfant.

Aussi anodin soit-il, le produit homéopathique est néanmoins un médicament. Il ne doit pas être utilisé sans discernement, car tout bon traitement homéopathique doit être adapté tant à la personne qu'aux troubles qu'elle présente.

LE TRAITEMENT HOMÉOPATHIQUE PENDANT LES 8 PREMIERS MOIS DE GROSSESSE

Thyroïde 7 CH Surrenalis 7 CH Ovaire 7 CH Hypophyse 7 CH Diencéphale 7 CH Placenta 7 CH	pour une ampoule buvable de 1 ml n° 80

Une ampoule 3 fois par semaine, jusqu'au 8e mois inclus.

Berberis Vulgaris D3 Solidago Virga Aurea D3 Viola Tricolor D3 Urtica Urens D3	pour un flacon de 30 ml n° 2

10 gouttes à midi, jusqu'au 8e mois.

Calcarea Carbonica D3 Calcarea Phosphorica D3 Calcarea Fluorica D3 Silicea 3 CH	pour un flacon de poudre composée de 30 g n° 2

2 cuillères-mesures avant le dîner, jusqu'au 8e mois inclus.

FACILITER L'ACCOUCHEMENT

L'accouchement est encore présenté comme le moment délicat, voire pénible de la grossesse. « Tu enfanteras dans la douleur », disent les Écritures. Et tant d'anecdotes désagréables sont racontées à ce sujet qu'il est difficile de ne pas redouter cette étape appelée pourtant délivrance : délivrance de l'enfant... mais aussi de la mère !

L'accouchement est l'accomplissement de ce long travail minutieux de la nature. C'est surtout la récompense pour la maman avec l'éclosion à la vie d'un être nouveau qu'elle a construit, jour après jour, pendant 36 semaines.

L'accouchement ne devrait plus être redouté comme il le fut dans le passé. Nous disposons actuellement de moyens d'examens, tels que l'échographie, qui permettent de prévoir les accouchements difficiles.

Nous avons aussi des médicaments performants, tels que l'Ocytocine, qui permettent de suppléer aux insuffisances hormonales et d'accélérer la délivrance. Mais surtout les techniques de préparation à l'accouchement sont devenues systématiques, basées sur des principes de respiration et de relaxation. Ces méthodes apportent un réel confort, tout en rendant plus efficace le travail. C'est pourquoi la jeune maman doit s'astreindre quotidiennement à ces exercices qui, le moment venu, seront alors des réflexes.

Car on ne doit pas oublier que l'accouchement est un acte naturel et que, dans la mesure du possible, il doit être respecté en tant que tel. Les délivrances qui traînent et épuisent inutilement la mère justifient l'injection d'hormones pour activer la dilatation du col et augmenter les contractions. Mais il n'est pas concevable, sous des prétextes divers, de recourir quasi systématiquement aux hormones. En dépit d'anecdotes généralement fausses, un accouchement naturel ne peut s'effectuer en quelques minutes. La libération des hormones par l'organisme de la mère et la dilatation du col ne s'effectuent que progressivement. C'est en cherchant à bousculer et à précipiter les choses que l'on risque des complications — telle la déchirure du périnée — et que l'on justifie l'épisiotomie d'office, c'est-à-dire la section du périmée qui oblige dans un deuxième temps à la pose de points de suture, moment tout aussi inconfortable que la première partie de l'opération. Aussi est-il préférable d'essayer de respecter les échéances de la nature et de laisser s'accomplir normalement la dilatation.

Pour celles qui redoutent de souffrir, il y a toujours le recours au confort d'une anesthésie épidurale, c'est-à-dire par une injection d'anesthésique dans le canal rachidien, entre la dure-mère et l'os.

Si rien de tout cela n'est possible, il reste la césarienne. Il s'agit d'une intervention chirurgicale, sous anesthésie générale, permettant d'ouvrir rapidement le ventre de la mère pour en extraire l'enfant. L'acte en lui-même ne demande que quelques minutes. L'anesthésie est très courte. La technique opératoire, par souci esthétique, se fait actuellement avec une petite incision externe horizontale dans la zone pileuse du pubis. Ensuite, l'incision profonde des muscles est faite verticalement dans la zone fibreuse (la ligne blanche), respectant ainsi les muscles abdominaux. Cette technique présente plusieurs avantages pour la patiente : une cicatrice masquée par le système pileux du pubis ; les incisions en deux plans perpendiculaires (l'une horizontale externe, l'autre verticale profonde) assurant une meilleure cicatrisation de la paroi abdominale.

Ainsi donc l'accouchement n'est plus, de nos jours, l'épreuve que l'on décrivait.

Aussi, ne vous laissez pas « voler » votre accouchement par la chimie, car il s'agit d'un moment privilégié, parfois unique pour la mère.

Enfin, il faut savoir que l'homéopathie, ici encore, peut être d'un grand secours tant pour faciliter l'accouchement que pour en conjurer les suites désagréables.

LE TRAITEMENT HOMÉOPATHIQUE POUR L'ACCOUCHEMENT

Avant (pendant quinze jours avant la date présumée de l'accouchement)

1. Afin de réduire les douleurs de l'accouchement, salez très peu les aliments et diminuez peu à peu jusqu'à ne plus saler du tout. Technique psychoprophylactique pavlovienne de « l'accouchement sans douleur ».

2. A titre préventif d'infection et de phlébite et pour prévenir toutes complications, pendant 8 jours avant la date présumée de l'accouchement :
   Biothérapique Pyrogenium 5 CH : 2 granules au réveil.
   Arnica 5 CH : 2 granules à 11 heures.
   Cimicifuga 5 CH : 2 granules à 16 heures.
   Caulophyllum 4 CH : 2 granules à 19 heures.
   Pulsatilla 5 CH : 2 granules au coucher.
   « Hydrosol Polyvitamine Roche » ou Alvityl : 2 par jour.
   Surveillance méthodique du pouls et de la température.

Pendant l'accouchement

1. Arnica 5 CH
Cimicifuga 4 CH
Colocynthis 4 CH } 2 granules toutes les heures, en alternant les 3 tubes

   Si grandes douleurs intolérables, ajoutez en intercalant :
   Chamomilla 5 CH
Coffea 4 CH } 2 granules tous les quarts d'heure, en alternant les 2 tubes.

2. Pour faciliter la dilatation du col :
   Caulophyllum 4 CH
Cimicifuga 4 CH } 2 granules tous les quarts d'heure, en alternant les 2 tubes.

3. En cas de travail prolongé :
   Calcarea Acetica 4 CH : 2 granules toutes les demi-heures.

4. S'il y a des crampes musculaires :
   Cuprum Metallicum 5 CH
Secale Cornutum 4 CH
Phytolacca Decandra 5 CH } 2 granules tous les quarts d'heure dans l'ordre.

Après et durant quinze jours

1. Dans les cas normaux :
   Biothérapique Pyrogenium 5 CH : 2 granules 1 fois par 24 heures.
   China 4 CH : 2 granules 1 fois par 24 heures (à ne jamais donner avant la délivrance).
   Arnica 5 CH : 2 granules 1 fois par 24 heures.

2. Si infection et fièvre puerpérale :
   Biothérapique Pyrogenium 5 CH : 5 granules à prendre immédiatement et à continuer 1 fois par 24 heures.
   Secale Cornutum 4 CH : 2 granules 2 fois par 24 heures.

   Ne faire aucune injection sans l'avis du médecin traitant.

PRÉVENIR LA « DÉPRIME » POST-NATALE

Tant que la jeune maman est en clinique, elle demeure l'objet de beaucoup de soins et d'attention et elle peut se consacrer à son enfant sans réserve. Tout se complique souvent au moment où elle regagne la maison avec son bébé. Cette période est souvent vécue difficilement en raison de plusieurs facteurs :

1. *Les sécrétions hormonales.* Elles se modifient et ce d'autant plus vite que la jeune maman n'allaite pas son bébé.

2. *Le soin et l'attention que réclame l'enfant.* La vie de famille est

bouleversée par l'arrivée de l'enfant, surtout lorsqu'il s'agit du premier. Celui-ci occupe, dès qu'il est réveillé, tout le temps de la maman. Il faut plusieurs fois par jour le laver, le changer, l'allaiter. Tout cela implique une grande disponibilité de la mère et énormément de travail en dépit des facilités de la vie moderne (couches jetables, machine à laver le linge).

3. *La crainte de la mère de ne pouvoir « faire face »* à toutes ces nouvelles responsabilités qui s'ajoutent à ses obligations d'épouse !

Aussi peut-elle en arriver à se sentir absorbée par ses nouvelles tâches, au point de n'avoir plus un instant à elle, de ne plus s'appartenir. Surmenée, anxieuse, elle a alors toutes les raisons d'abdiquer.

C'est ici que l'aide momentanée d'une autre mère efficace et active permettra à la jeune maman de s'organiser jour après jour et de prendre de nouvelles habitudes. Tout sera d'autant plus facile que le jeune père sera patient et discret. Pour lui aussi, cette période est difficile à vivre. L'attention et l'affection que lui vouait son épouse sont maintenant consacrées à l'enfant. Il peut ressentir ce détournement comme un « abandon » et en être frustré.

En fait, il s'agit d'une période d'adaptation d'autant plus courte et facile que les conditions de vie et l'entourage s'y prêtent. Avec un peu de patience et de compréhension mutuelle tout rentre vite dans l'ordre. C'est pourquoi, face à ce surmenage physique et moral, il est bon d'éviter tous les tranquillisants et antidépresseurs, qui ne règlent aucun problème.

Quelques multivitamines, du magnésium et du lithium seront bien plus utiles. Pourront également être pris sans risque par la jeune mère : Sépia 9 CH, 5 granules par jour ; et par le jeune père : Staphysagria 9 CH, 5 granules par jour.

Après l'accouchement, retrouver son corps et son esprit

Après le bouleversement physique et hormonal d'une grossesse, il faut s'employer à retrouver autant que possible son corps d'avant. Rien de plus perturbant en effet que ces kilos superflus et mal placés !

Une alimentation saine et équilibrée pendant la gestation permet déjà de limiter la prise de poids et prévient donc ce risque. Après l'accouchement, cette surveillance alimentaire aidera à retrouver le poids idéal, tout en permettant un allaitement sans fatigue et sans problème.

Durant toute cette période, la jeune mère devra faire régulièrement contrôler sa formule sanguine et l'état de ses dents. Elle surveillera ses ongles, sa peau et ses cheveux. Une anémie, un manque de fer peuvent expliquer un surcroît de fatigue. Des caries dentaires, des ongles mous ou tachés de blanc sont des signes de décalcification. Une peau sèche signale une carence de cette vitamine F, si précieuse pour le développement du système nerveux de l'enfant. Une chute de cheveux justifie l'apport de multivitamines et de multiminéraux. Tout ceci, bien sûr, se fera sous contrôle médical pour éviter toute erreur et tout excès.

Ce n'est pas parce qu'on allaite qu'il faut, comme on le dit souvent, *manger pour deux* ou, pis encore, grignoter entre les repas. Cette mauvaise habitude est, à elle seule, responsable de bien des problèmes de poids. Il convient donc de :

1. Respecter les phases de repas-digestion. Ceci permet ainsi aux organes de se reposer entre chaque période de travail, comme la nature l'exige. En effet, il existe un rythme de fonctionnement des organes tout au long de la journée[1]. Mieux vous vous conformerez à cette règle, meilleure sera votre santé ! D'autre part, toute prise alimentaire entre les repas entraîne l'arrêt de la digestion en cours et la programmation d'un nouveau cycle de digestion. Cela oblige l'organisme à un surcroît de travail, et il s'ensuit des troubles tels que gêne, flatulences, gaz intestinaux... La sécrétion des sucs digestifs devient anarchique et l'organisme se dérègle.

2. Manger toujours en quantité suffisante au repas pour éviter la fringale secondaire. En effet, ceci s'accompagne de malaises qui ne sont rien d'autre que des manifestations d'hypoglycémie, car la sensation de faim est étroitement liée au taux de sucre dans le sang. Le corps maintient régulièrement une glycémie de 1 gramme par litre de sang grâce à deux organes qui sont complémentaires : le pancréas et le foie.

Toute prise d'aliments qui fait monter la glycémie déclenche la sécrétion d'une hormone hypoglycémiante, l'insuline, fabriquée par le pancréas. Cette insuline permet au sucre de quitter le sang et de passer dans les cellules pour y être utilisé comme combustible et produire de l'énergie. D'autre part, le sucre en excès dans le sang est récupéré et stocké dans le foie pour être redistribué ultérieurement en cas de besoin.

Lorsque la glycémie baisse modérément, le foie est sollicité par une autre hormone pancréatique pour libérer le sucre qu'il a stocké.

1. Voir *Votre alimentation selon l'enseignement du Dr Kousmine*, pp. 93-94.

Mais lorsque le taux de sucre baisse brutalement (effort important, alimentation défectueuse...), un malaise s'ensuit (fatigue, chute de tension, sueurs...) pouvant aller jusqu'à la perte de connaissance. Cet état d'hypoglycémie est favorisé par la consommation d'aliments raffinés (pain blanc, pâtes blanches, riz blanc, pâtisseries) et de sucre blanc (bonbons, confiseries...). Si pour lutter contre ce malaise on utilise à nouveau des produits raffinés ou du sucre blanc, on crée un cercle vicieux. L'organisme va sans cesse osciller entre l'hyperglycémie (qui appelle une sécrétion massive et brutale d'insuline) et l'hypoglycémie — réflexe qui en découle. Dans cette partie de « yo-yo », le pancréas progressivement s'épuise et le diabète s'installe.

3. Respecter l'équilibre des repas. Le repas du matin est le plus important. C'est lui qui programme le corps pour la journée. C'est pourquoi nous insistons tant sur l'indispensable petit déjeuner sain et complet. Pour celles qui n'ont jamais faim le matin, réduire ou supprimer le repas du soir.

Le repas de midi doit être copieux, et pris dans le calme bien que les conditions actuelles de vie ne favorisent guère cette exigence.

Le repas du soir doit être le plus frugal (sans produits animaux), et pris de bonne heure autant que possible, ce qui permet d'avoir un bon sommeil réparateur.

En effet, c'est pendant la nuit que le foie assimile les protéines de la journée. Plus le repas est léger, plus le travail du foie sera facilité.

4. Reprendre une activité physique progressive, voire, si c'est possible, pratiquer un sport.

Ainsi, « bien dans sa peau », la jeune maman sera forcément « bien dans sa tête », épanouie et heureuse.

ATTENTION AUX RÉGIMES MIRACLES...

Il ne se passe pas un mois sans qu'une revue à sensation fasse l'éloge du dernier régime à la mode pour perdre en quelques jours et avec un minimum d'efforts ces 4 à 5 kg que vous avez gagnés par la gourmandise.

Ces « recettes miracles » ne prennent pas en compte la raison de votre surcharge pondérale, et après que vous avez perdu du poids, on vous laisse retourner à vos angoisses et à vos anciennes habitudes. Le résultat ne se fait pas attendre. Les mêmes causes ramènent les mêmes kilos au même endroit — et souvent quelques autres de plus. Ainsi le bilan devient-il très vite catastrophique. Un véritable cercle vicieux !

QUE PENSER DE CERTAINS RÉGIMES ?

• *Le jeûne :* Il s'agit de supprimer tout apport alimentaire, pendant un jour, trois jours, sept jours, voire jusqu'à vingt et un jours. On ne prend que des liquides (3 litres/jour). Les boissons autorisées sont : l'eau, le bouillon de légumes (sans consommer les légumes) et les jus de fruits frais.

Cette pratique est salutaire, lorsqu'il y a une maladie et la nécessité pour le corps de s'épurer. Mais ce n'est pas en soi un moyen de maigrir. D'autre part, dès que l'on dépasse deux à trois jours de jeûne, une surveillance médicale est nécessaire (contrôle de la tension, de la fonction rénale).

Il est indispensable de boire abondamment pour permettre aux reins d'éliminer les toxines. Attention, il peut exister des « crises d'élimination », souvent fort désagréables, le 1er ou le 3e jour et le 7e ou le 10e jour[1].

Pour éviter ces contrecoups, il est nécessaire avant de commencer un jeûne de nettoyer ses intestins, et de toujours commencer un jeûne le soir. Enfin, la reprise alimentaire doit être progressive.

• *Le régime « zen » :* Ce type d'alimentation se rapproche beaucoup du jeûne, quant au but recherché. En fait il s'agit d'une mono-diète, à base de riz complet, auquel on ajoute des tisanes en petite quantité et ceci pendant dix jours maximum.

Le régime est difficile à suivre et il ne constitue là encore qu'une technique d'épuration du corps. Il n'est pas recommandé de le faire pour maigrir. L'organisme sort de cette épreuve très secoué, et si l'on n'y veille pas on reprendra très vite du poids.

Attention à l'hygiène intestinale, indispensable avant la mise en route de ce régime, les intestins risqueraient de s'encrasser et de se bloquer.

• *Le régime Hollywood :* Il est conseillé de ne manger que des fruits (jusqu'à 2 kg par jour), ce qui peut entraîner des troubles intestinaux chez les personnes sensibles (colites dues à l'excès de sucre, de fibres et de cellulose). Ceci n'est valable que pendant vingt-quatre heures, pour épurer l'organisme, pour compenser des repas trop copieux chargés en produits animaux.

L'organisme va devoir puiser dans ses réserves pour trouver les protéines, les lipides et les minéraux absents dans ce type d'alimenta-

---

1. Dr Kousmine, *op. cit.*, pp. 81-82.

tion. Ce régime ne peut être poursuivi longtemps. Il est trop déséquilibré. Le retour à une alimentation normale sans surveillance entraînera, là encore, une inévitable reprise de poids.

• *Le régime végétarien :* Les agrumes, les céréales complètes, les légumes et les fruits constituent la base de cette alimentation. Qui dit végétarien dit sans produits animaux : viande, poisson, œufs. Mais la plupart du temps, les laitages, eux, sont conservés. Certains végétariens consomment aussi des œufs, et même du poisson, et ne s'interdisent que la viande. Le café, l'alcool, le sucre raffiné sont bien sûr bannis. Selon le degré de suppression des produits animaux, ce régime peut entraîner une carence en protéines. Il convient, pour bien mener sa barque, de connaître les composants alimentaires et de compenser l'absence de viande par des laitages (maigres), des poissons, des œufs, voire la combinaison de céréales complètes et de légumineuses.

• *Le régime Atkins :* Il consiste à supprimer toute source de sucre, y compris le pain, les céréales, les féculents et les fruits. Ce régime est essentiellement basé sur la consommation de protéines et de graisses. Il autorise même la charcuterie ou les crèmes.

En l'absence de sucre alimentaire, l'organisme doit trouver le sucre nécessaire à son fonctionnement par la transformation de graisses en sucre. Cette alimentation est très déséquilibrée. Elle peut être même dangereuse si l'on est sujet à un excès de cholestérol, d'urée ou d'acide urique. Il y a alors risque de maladies métaboliques et cardio-vasculaires (goutte, urémie, artériosclérose, phlébite).

Attention ! Le régime Atkins est à prohiber pour les femmes qui prennent une pilule anticonceptionnelle : les risques de maladies circulatoires en seraient considérablement augmentés.

• *Le régime de la mayo-clinic :* Il consiste en œufs durs le matin, midi et soir, pendant quatorze jours ! On consomme 2 œufs par repas auxquels on ajoute, un jour sur deux, du poisson ou de la viande. Les fruits, les légumes, les céréales sont consommés en très petites quantités.

Il s'agit de privilégier les protéines, quitte à en absorber en excès (ce qui n'est pas sans inconvénients — voir chapitre sur l'alimentation page 24). Ce régime semble être carencé en calcium si on ne prend pas la précaution de consommer des céréales complètes et des laitages maigres.

Il y a aussi pour ceux qui ont du cholestérol et une urée à la limite des taux normaux un risque d'artériosclérose et de surcharge hépatique.

A éviter à tout prix, surtout si l'on prend la pilule contraceptive.

• *Le régime dissocié :* il s'agit de ne prendre qu'une seule catégorie d'aliment par jour ou par repas, ce qui est moins perturbant. Aussi, le repas sera constitué soit de fruits, soit de légumes, soit de viande, soit de laitages, etc., sans aucune association alimentaire. Les quantités ne sont pas limitées, mais ce procédé déséquilibre forcément l'organisme, qui ne peut absorber à un moment donné qu'un type d'aliment : protéines, glucides, lipides ; le corps va réagir à ce régime en fabriquant des réserves et donc des kilos en trop.

Si cette méthode, qui handicape gravement la vie relationnelle, permet de passer un cap difficile lors de problèmes digestifs sérieux, elle n'est pas à suivre comme régime amaigrissant.

• *Le régime Scardale :* C'est un dérivé du précédent en plus souple. Il s'agit de ne pas associer au même repas graisses et sucres dont le mélange fait grossir (adieu frites, crèmes glacées, etc.). Il faut donc bannir les laitages, réduire les féculents, ce qui entraîne un manque de calcium et de glucides, à moins qu'on ne consomme des céréales complètes.

• *Le Weight Watcher :* Il s'agit d'une discipline de groupe et il semble que l'émulation favorise de bons résultats, chacun se soumettant avec zèle pour réussir aussi bien, sinon mieux, que les autres. Il y a un revers à la médaille : ceux qui maigrissent moins vite peuvent éprouver un sentiment de frustration et se décourager.

Le régime préconisé a, d'autre part, le tort de ne pas se préoccuper de la qualité des aliments (céréales complètes, aliments biologiques, huiles de première pression à froid...). Mais de tous les régimes actuellement en vogue, c'est assurément le moins mauvais.

... ATTENTION AUX MÉDECINES MIRACLES

Il existe des méthodes redoutables pour maigrir, contre lesquelles nous ne vous mettrons jamais assez en garde. Ce sont les médicaments miracles : laxatifs, diurétiques, extraits thyroïdiens, coupe-faim. Ces produits sont d'autant plus efficaces qu'ils bouleversent le corps, le perturbent et usent les organes.

— *Les laxatifs :* ils provoquent un appel d'eau vers l'intérieur de l'intestin, en créant au passage une irritation (colite). Lorsque le phénomène se répète, on crée une dépendance[1] et une perte de sels minéraux beaucoup plus importante que la normale. A éviter !

— *Les diurétiques :* ils forcent les reins à éliminer de l'eau. Mais là aussi, un état de dépendance s'installe. Les reins finissent par ne plus fonctionner sauf quand on les sollicite ! Très dangereux. A éviter absolument !

— *Les extraits thyroïdiens :* ils ont pour but de créer une hyperstimulation de la thyroïde. Une petite hyperthyroïdie provoquée en quelque sorte. Ceci est très difficile à contrôler et, à l'arrêt du traitement, la glande se met au repos (donc crée une hypothyroïdie secondaire). La reprise de poids est inévitable. Cette méthode est très dangereuse. L'hyperthyroïdie entraîne un amaigrissement mais s'accompagne d'hypertension, de troubles circulatoires avec tachycardie, de tremblements, d'irritabilité et de troubles du comportement. A éviter à tout prix !

— *Les coupe-faim :* ils agissent sur les centres de la faim, dans le cerveau. Ils modifient le comportement alimentaire, mais aussi le caractère. Les personnes qui les utilisent doivent prendre conjointement des tranquillisants pour éviter d'être anxieux, irritables.

Ces produits sont à bannir d'autant qu'ils ne règlent pas le problème à long terme. C'est bien de maigrir vite, mais il est encore plus intéressant de ne plus regrossir. Toutes ces méthodes ne sont que miroirs aux alouettes. Les lendemains déchantent toujours !

Alors que faire ?

Tout simplement, outre sacrifier aux grands principes (respect des phases repas-digestion, des quantités nécessaires à chaque repas, de l'équilibre des repas, activité physique convenable) que nous avons évoqués au début de ce chapitre, supprimer ou réduire certains types d'aliments et ne pas mélanger tel ou tel aliment avec tel autre. Cela peut se résumer en une quinzaine de prescriptions.

1. Ne pas sauter de repas ;
2. Ne pas grignoter entre les repas ;
3. Privilégier le petit déjeuner. Réduire le repas du soir ;
4. Supprimer l'alcool ;
5. Boire entre les repas. Éviter de boire en mangeant ;
6. Réduire les excitants : café, épices... ;
7. Supprimer les sucres raffinés (bonbons, pâtisseries, glaces, chocolat, jus de fruits du commerce, sucre blanc). Consommer peu de sucres et toujours du sucre intégral ;

1. C'est ce que l'on appelle « la maladie des laxatifs ».

8. Supprimer les aliments raffinés : pain blanc, pâtes, farines, riz blanc ;

9. Consommer toujours des crudités, si possible en début de repas ;

10. Consommer uniquement et raisonnablement des céréales complètes (riz complet, pain complet...) ;

11. Éviter de mélanger les céréales entre elles (pâtes avec pain...) ;

12. Éviter de mélanger une céréale avec des protéines (poisson et riz, pain et viande, fromage et pain) ;

13. Consommer les fruits en dehors des repas ;

14. Éviter de multiplier les plats au cours d'un même repas (plusieurs plats incitant à manger davantage) ;

15. Manger dans le calme, lentement, en prenant soin de mastiquer (20 fois chaque bouchée).

Une règle d'or : Si vous êtes invité, mangez des crudités ou des fruits avant de passer à table. Vous serez moins tenté de faire des incartades. Prévenez vos amis que, le soir, vous avez l'habitude de manger très peu. Ils ne s'offusqueront pas de votre frugalité.

Un mode de vie sain pour avoir des enfants sains

Il serait souhaitable que vous suiviez, autant que possible, les quelques recommandations suivantes, si vous désirez que votre grossesse se déroule dans l'harmonie, autant pour vous que pour votre futur enfant.

1. Mangez calmement dans une atmosphère agréable en prenant conscience de ce que vous mangez. Si vous êtes énervée ou angoissée, détendez-vous avant de vous mettre à table.

2. Mâchez consciencieusement vos aliments : « Il faut boire ce que l'on mange, et mâcher ce que l'on boit. »

3. Essayez de quitter la table avec encore une légère sensation de faim.

4. Mangez le moins possible le soir, et le plus tôt possible dans la soirée. Votre corps pourra ainsi profiter de votre sommeil pour éliminer ses toxines et réparer ses pertes.

5. Couchez-vous avant minuit et levez-vous de bonne heure le matin.

6. Si vous n'avez pas de problème de grossesse, sortez tous les jours, aérez-vous, marchez dans la nature.

7. Pratiquez tous les jours des respirations profondes, en expi-

rant doucement, comme si vous vouliez retenir l'air entre vos dents, à fond. Puis aspirez de nouveau en gonflant bien le bas du ventre et non pas la poitrine. Recommencez ainsi une dizaine de fois, puis davantage.

8. Habillez-vous, si possible, en fibre naturelle (coton, laine, lin).

9. Faites vérifier vos dents. Si vous avez des amalgames métalliques, faites-les enlever par votre dentiste et remplacez-les par des prothèses réalisées en or, en céramique ou en résine. En effet, de récents travaux nous apprennent que les amalgames pourraient être la cause de nombreux troubles uro-génitaux pour les femmes, prostatiques pour les hommes, et qu'ils fragiliseraient le système immunitaire.

10. Évitez de regarder la télévision pendant les repas, et si vous la regardez, ne la regardez ni de trop près ni trop longtemps.

11. Cuisinez selon notre méthode, à la vapeur douce, dans des marmites en inox ou en terre cuite. Bannissez les fritures, les grillades et les aliments cuits sous pression.

Si vous ne faisiez pas la cuisine, c'est le bon moment pour vous y mettre. Car cuisiner avec de beaux produits sains, choisis avec amour et traités avec respect, c'est le meilleur moyen de communiquer avec la nature, de s'y fondre en se l'intégrant.

La nature vous le rendra bien en vous fabriquant un beau bébé.

3.

L'ALIMENTATION DE L'ENFANT D'ÂGE EN ÂGE

L'alimentation au sein : la plus souhaitable pour la mère comme pour l'enfant

Le lait maternel est l'aliment qui convient le mieux au bébé. Il est naturellement stérile, à la bonne température et disponible à tout moment.

Pour la mère, l'allaitement au sein présente des avantages multiples.

Tout d'abord, des études statistiques montrent que les femmes ayant allaité sont moins touchées par les cancers du sein que les autres.

D'autre part, les mères qui allaitent reprennent plus facilement leur poids initial car la surcharge pondérale qui consiste en graisse sera utilisée pour la production du lait. De plus, le don du sein dans les minutes qui suivent la naissance provoque des contractions de l'utérus maternel qui retrouve ainsi beaucoup plus vite son volume de départ. De cette façon sont diminués les risques d'hémorragie et l'écoulement de sang est moins abondant.

Enfin, l'allaitement met en sommeil le cycle reproductif (tant que la mère nourrit son bébé, elle ne peut pas avoir ses règles) et permet d'éviter l'emploi de contraceptifs pendant six mois et parfois davantage.

Pour l'enfant, aux premières tétées, il absorbe avec le lait maternel le *colostrum*, qui jouera un rôle primordial dans son développement et son système immunitaire. C'est un liquide épais et jaunâtre qui sert d'intermédiaire entre le sang de la mère et son lait.

D'un point de vue biochimique, cette substance se rapproche plus de la formule du sang, car elle contient de nombreuses cellules vivantes comme les lymphocytes et macrophages qui jouent un rôle protecteur contre les germes et les substances étrangères. Contenant des anticorps, le colostrum contribue à transmettre au bébé une immunité naturelle.

Le colostrum diminuerait également la perméabilité intestinale facilitant ainsi une digestion plus complète des grosses molécules de protéines, empêchant l'absorption de protéines entières, facteur que l'on croit être à l'origine de diverses allergies.

Le colostrum fournit donc au bébé une vaccination naturelle contre de nombreuses maladies.

Composition du lait maternel

Substance	*Lait humain* %	*Lait de vache* %
Eau	88,3	87,3
Sels inorganiques	0,2	0,7
Protéines	1,5	3,8
Graisse	4	4
Sucres	6	4,5
Réaction	alcaline	acide

Les minéraux

Le lait maternel contient, en proportion, moins de minéraux que le lait de vache. Par exemple, le lait maternel contient le quart du calcium trouvé dans le lait de vache. Cependant, la proportion de minéraux du lait humain est adaptée au développement d'un être humain et non d'un bovin. Ainsi, la haute teneur en minéraux du lait de vache oblige le foie et les reins de l'enfant à un surcroît de travail pour éliminer l'excès inutilisé.

Le fer

D'aucuns disent que le lait maternel n'apporte pas assez de fer. Il n'en est rien. En effet le lait de la mère contient deux protéines spécialisées, la lactoferrine et la transferrine, qui ont pour fonction de prendre le fer dans le milieu intestinal du nourrisson et de le fixer.

Ainsi le fer du lait maternel est-il bien mieux assimilé que le fer du lait de vache. Le bébé peut absorber jusqu'à 50 % du fer contenu dans le lait de sa mère, alors qu'il n'absorbera que 4 % du fer contenu dans le lait maternisé fortifié.

La taurine

Chez un bébé allaité au sein, les acides biliaires s'associent à la taurine, acide aminé jouant un rôle important dans le développement du cerveau. Le nourrisson ne fabrique pas de taurine. Il devra donc la trouver dans son alimentation. S'il est allaité par sa mère, le lait de celle-ci lui fournira en abondance cette substance, inexistante dans le lait de vache. Ce phénomène récemment découvert n'est pas sans poser de gros problèmes aux fabricants de laits maternisés.

La vitamine C

Si la mère se nourrit bien, son lait contiendra suffisamment de vitamine C pour la bonne santé de son enfant. Le lait de vache contient aussi de la vitamine C, mais celle-ci est détruite au cours des opérations de transformation. L'enfant privé du sein en recevra donc sous forme artificielle par additif dans les laits maternisés, ou naturelle par l'apport de jus de fruits. Mais il convient de ne pas donner ces derniers trop tôt aux nourrissons qui les tolèrent mal.

Les protéines

Les protéines sont les substances les plus caractéristiques des êtres vivants. Elles ont toutes un rôle et une fonction bien déterminés. Le lait de vache contient plus du triple de protéines que le lait de femme. Un veau est sur ses pattes quelques heures après sa naissance. Un petit d'homme près d'un an après. Les protéines de votre lait sont très différentes de celles du lait de vache. Les protéines se décomposent en acides aminés, véritables bâtisseurs des tissus de votre organisme. Les acides aminés du lait maternel sont contenus en justes proportions pour élever un enfant harmonieusement. Les acides aminés de la vache sont idéaux pour élever... un veau ! En effet, la caséine, abondante dans le lait de vache, forme de gros caillots durs et caoutchouteux difficiles à digérer pour l'être humain d'une manière générale. C'est pourquoi le bébé nourri au lait maternisé est « rempli » plus longtemps que le bébé nourri au sein de sa mère.

Les bébés nourris au lait de vache ont besoin de plus d'eau, non seulement pour leur métabolisme, mais aussi pour permettre aux reins d'éliminer les sels et protéines en excès.

Les graisses

La proportion de graisse est à peu près la même dans le lait maternel que dans le lait de vache. Cependant sa qualité est différente.

Les lipides du lait maternel sont très digestes grâce à la présence d'une enzyme spécifique, la *lipase,* dont le rôle consiste à digérer les graisses. D'autre part, le lait maternel contient du cholestérol en proportion importante car l'enfant en a besoin pour le bon développement de son système nerveux et musculaire. Or, les laits maternisés contiennent des graisses végétales, de l'acide linoléique en particulier, qui combat le cholestérol. Cela pourrait représenter un intérêt pour les adultes souffrant de problèmes cardio-vasculaires, mais sûrement pas pour un nourrisson dans la première année de sa vie.

Les glucides

Le lait maternel contient jusqu'à deux fois plus de glucides que le lait de vache.

Les hydrates de carbone du lait maternel se trouvent surtout sous forme de *galactose,* de *lactose* et de *glucose.* Le lactose est le plus digeste et il favorise l'utilisation des protéines et du calcium. Les laits maternisés, eux, sont chargés d'un supplément de sucres transformés et raffinés.

Le lactose se décompose et libère son énergie à un rythme lent et régulier, contrairement au sucre de canne ou de betterave, le sucrose, qui provoque des baisses et des hausses du taux de sucre sanguin, source, plus tard, d'hypoglycémie.

Enfin, le lait maternel est idéal, car les sucres qu'il contient ont une action spécifique sur la flore intestinale. Le sucre de ce lait favorise la croissance d'un groupe de bactéries dont on entend de plus en plus parler, à savoir le *Lactobacillus bifidus,* qui a pour fonction de stopper le développement de bactéries indésirables, responsables de la diarrhée grave chez le bébé, et de favoriser le développement de bactéries utiles. Le lait de femme en contient beaucoup plus que le lait de vache ou le lait maternisé. D'ailleurs vous pourrez le vérifier vous-même : l'odeur des selles d'un nourrisson allaité par sa mère est agréable et sent légèrement le babeurre (lait Ribot), celle des excréments d'un bébé nourri au lait maternisé ou au lait de vache sera nauséabonde, proche de celle des matières fécales des adultes.

LA QUALITÉ DE VOTRE LAIT DÉPEND DE VOTRE ALIMENTATION

Chaque mère donnera un lait de composition différente adapté à son enfant. De plus ce lait varie d'un jour et d'un moment à l'autre. Même son goût change en fonction de l'alimentation de la mère. L'enfant prépare ainsi ses papilles gustatives aux futurs menus que vous lui préparerez. Des enfants nourris au sein sont souvent moins

MÉDICAMENTS DANGEREUX POUR LA FEMME QUI ALLAITE

0 Formellement contre-indiqué
1 Impose l'arrêt de l'allaitement
2 Inhibe ou bloque, en tout cas perturbe la lactation
3 A éviter à hautes doses
4 Déconseillé faute d'information

0 ABESTA
2 ALDACTAZINE
4 AMPICILLINE
0 ANOREX
4 ARTHROCINE
4 AVLOCARDYL
4 BACTAMYL
0 BACTRIM
4 BETIME
1 BRINALDIX
0 BROCADOPA
4 CATHOMYCINE
4 CEBUTIDE
1 CLAMOXYL
4 CONCORDINE
4 CONTALAX
0 COUMADINE
4 DAGENAN
4 DEBEKACYL
1 DECADRON
4 DECASERPYL
1 DECTANCYL
3 DEDROGYL
0 DELLOVA
4 DELTAPHILAN
0 DIANASOL
0 DIANAVIT
0 DIOCOUMINE
4 DI-HYDAN
4 DULCOLAX
0 DUOGASTRONE
4 DUOGYNON
4 ECATRIL
2 EDECRINE
4 ELAVIL
4 ELCOSINE
0 ELESTOL
0 ENDOXAN
1 ENVARESE
3 EPANAL
3 EQUANIL
4 EXTOVIL
0 EUSAPRIM
4 FASIGYNE
0 FLAGYL
4 FLEXARTRAL
0 GANTRISINE
3 GARDENAL
4 GYNERGENE
0 GYNOPHASE
0 GYNOSTAT
0 GYNOVLANE
4 HALOPERIDOL
2 HALOTESTIN
0 HEXACYCLINE
1 HYDROMET
4 INDOCID
4 INFLACINE
4 INSIDON
0 ISOPHENICOL
1 KEFANDOL
4 KEMADRINE
0 LARODOPA
4 LAROXYL
0 LEDERTREXATE
4 LINCOCINE
4 LOXAPAC
1 LUDIOMIL
0 LURSELLE
4 LUTOMETRODIOL
0 LYNDIOL
0 MADRIBON
0 MANTADIX
4 MEGAMYCINE
1 REFOXIN
0 METHOTREXATE
4 MINIPRESS
0 MILLIANOVLAR
4 MINOCYNE
0 MODOPAR
1 MODUCREN
1 MODURETIC
3 MICOSTATINE -CHLORAMPHENICOL
4 MYODEL
1 MYSOLINE
4 NAPROSYN
4 NATULAN
4 NAXOGYN
4 NEGRAM
0 NEOMERCAZOLE
4 NEUROLITHIUM
4 NIAMIDE
0 NORACYCLINE
4 NOR 50
4 NORLUTEN
4 NORQUENTIEL
4 NOVERIL
0 OVANON
0 OVARIOSTAT
0 OVULENE 50
0 OV 28
4 PARLODEL
4 PENICILLINE
0 PERIACTINE
4 PERTOFRAN
4 PEXID
4 PHYTREL
4 P.L. DELPECH
0 PINDIONE
0 PLETHORYL
4 PRAZINIL
4 PRIMOLUT-NOR
4 PRIMOSISTON
3 PROCALMADIOL
4 PROTHIADEN
4 PURGANOL
0 PURIM
4 PURSENNIDE
2 PYRIDOXINE
4 QUINIDINE
4 QUITAXON
2 RENES-R
0 RESERPINES
4 RIVOTRIL
0 RONDOMYCINE
0 SANCLOMYCINE
0 SERPASILE
0 SIFACYCLINE
0 SIGMAMYCINE
0 SINEMET
4 SINEQUAN
4 SOLANTYL
0 SOLNICOL
1 SOLUDECADRON
4 STREPTOMYCINES
0 TACE
4 TAGAMET
4 TERALITHE
4 TENSIGRADYL
0 TETRAMIG
0 TETRACYNE
4 THEOPHYLLINES
0 TIFOMYCINE
4 TOFRANIL
4 TRANXENE
0 TRIMALINE
0 TROMEXANE
4 ULIX
0 UNIDONE
0 UROTRATE
4 VAGRAN
3 VALIUM
4 VEGELAX
0 VIBRAMYCINE
0 VIBRAVEINEUSE
4 XABAR

difficiles à nourrir plus tard et aimeront naturellement tout ce que vous leur proposerez de nouveau (légumes, céréales, fromages, etc.), alors qu'un enfant nourri artificiellement boudera les légumes et acceptera mal les nouveautés. Il fera partie de cette nouvelle génération qui n'aime que le hamburger-frites, le Coca-Cola et les pâtes bien blanches.

Ainsi le lait maternel est une denrée unique et inégalable, car même si l'on sait quantifier relativement bien ce qu'il contient, on s'est aperçu que ces ingrédients étaient *vivants* et non *inertes,* et cela aucun industriel ne saura le fabriquer. Il y a la même différence entre un lait maternel et un lait maternisé qu'entre une eau bue à la source et une eau minérale en bouteille, qu'entre un champ de fleurs, qui vit des nombreux échanges biochimiques entre la terre, le soleil et l'eau, et des fleurs coupées condamnées à mourir dans un vase... Mais si le lait maternel renferme naturellement tant d'éléments bénéfiques pour le nourrisson, il est capable de lui en transmettre d'autres qui sont beaucoup moins souhaitables.

Certains aliments sont déconseillés durant l'allaitement. Ce sont notamment tous les aliments épicés, les produits qui contiennent de l'alcool et tous les aliments susceptibles de donner au lait un goût trop prononcé — le chou-fleur, l'oignon, l'asperge, le céleri, l'ail.

Attention également aux médicaments durant cette période ! Ils peuvent passer dans le lait et être nocifs pour l'enfant. La liste des produits à éviter vous est fournie ci-dessus.

L'alimentation au sein : mode d'emploi

Dès la naissance, évitez le traditionnel biberon d'eau et de sucre raffiné bien sûr. Il n'est pas nécessaire de commencer la vie avec du sucre en bouche ! Sachez que dès les premières heures l'enfant peut être mis au sein, il bénéficiera ainsi du *colostrum* riche en éléments de défense immunitaire contre les infections.

La mère doit veiller à son hygiène. Avant chaque tétée, il est nécessaire qu'elle se lave les mains et qu'clle nettoie à l'eau bouillie le mamelon et l'aréole.

Pour allaiter correctement, sans avoir mal au dos, il convient de s'asseoir sur une chaise assez basse munie d'un dossier droit qui soutiendra le dos. Le bébé est placé en position semi-verticale, sur le bras qui correspond au sein qu'il va téter. La tête est plus haute que les pieds. De la main libre (main opposée) la maman appuie sur le mamelon avec l'index et le majeur : cette attitude dégage le nez de

La crème Budwig

Repas complet à base de viande

Repas complet à base de volaille

Rouget au fenouil

Sardines aux poivrons

Poivrons farcis aux amandes

Salade de chou cressonnette

Soupe au pistou

l'enfant et stimule l'excrétion du lait. L'enfant doit prendre toute l'aréole dans la bouche afin d'éviter la formation de crevasses. Il tète jusqu'à ce qu'il en ait assez. S'il réclame encore, il est nécessaire de le passer à l'autre sein jusqu'à ce qu'il soit rassasié. Il est important de bien vider les seins régulièrement pour stimuler la sécrétion du lait et pour éviter l'engorgement et le risque d'abcès. On aura éventuellement recours à un tire-lait. Avant chaque tétée, la mère palpera ses seins pour déterminer celui qui est le plus rempli : c'est par lui qu'elle commencera.

Pour éviter d'abîmer les mamelons, ne laissez pas l'enfant tirer sur un sein vide.

Après chaque tétée, maintenez l'enfant droit, appuyé sur son ventre jusqu'à ce qu'il ait son rot. Tenu verticalement, il ne régurgitera que peu ou pas de lait : ce n'est pas inquiétant (voir chapitre sur la régurgitation, le vomissement).

Les premiers jours, les tétées durent de cinq à six minutes. Ensuite, elles deviennent plus longues et peuvent atteindre vingt minutes. D'où l'intérêt d'adopter une bonne position. Il est aussi important de porter un soutien-gorge qui maintienne bien la poitrine et permette de dégager facilement le sein pour l'allaitement. On veillera à mettre à l'intérieur de chaque bonnet une petite compresse de gaze pour protéger l'aréole et parer à d'éventuelles montées de lait.

Lorsque vous coucherez l'enfant après la tétée, il est conseillé de le mettre à plat ventre, tête tournée sur le côté. Un enfant peut toujours avoir une régurgitation, cette position empêche que le lait ne fasse fausse route vers les poumons.

Jusqu'à quatre mois, il est possible d'avoir recours exclusivement à l'allaitement.

A partir du 4e mois ou du 5e mois, on remplacera progressivement une, puis deux, puis trois tétées par des repas, tout en gardant la tétée du matin.

On évitera de sevrer un enfant au cours de grosses chaleurs, mieux vaudra avancer ou retarder l'opération.

C'est l'attitude de l'enfant qui doit commander celle de la mère et non l'inverse. Lorsque l'enfant ne voudra plus le sein, la mère proposera autre chose. D'ailleurs la diminution du rythme des tétées entraîne une diminution progressive de la sécrétion lactée qui finit par tarir.

Si, avant l'échéance du 4e mois, la mère vient à manquer de lait, elle peut favoriser la sécrétion lactée en prenant des céréales complètes, du gruyère, de la bière et certaines infusions — tisanes d'anis étoilé, ou la préparation suivante :

galega : 50 g
fenouil : 25 g
feuilles d'ortie blanche : 25 g
cumin : 25 g
cônes de houblon : 20 g

à raison de 30 à 40 g par jour en infusion. On peut conseiller d'ajouter :

Alfalfa, teinture mère : aa 10 gouttes, 3 fois par jour.

Avena Sativa, teinture mère : 1/2 heure avant les repas, 3 fois par jour.

Placenta D3 et glande mammaire D3 : aa en trituration, 1 pincée-mesure du mélange aux deux repas.

Laits artificiels et laits végétaux

Si la production de lait s'avère encore insuffisante, il faudra compléter la tétée par un biberon d'un autre lait — lait de vache, lait de soja ou un des laits de céréales dont nous indiquerons la préparation ci-dessous.

• *Lait de vache :* il est normalement fait pour le veau. Il contient beaucoup plus de protéines (35 g par litre, au lieu de 15 g) et de caséine (90 % au lieu de 55 %). Enfin, la lactalbumine et la lactoglobine du lait de femme en sont pratiquement absentes. Le lait de vache permet au veau de prendre 1 kilo de poids par jour et d'atteindre ainsi en six mois sa taille d'adulte. Le lait de vache doit toujours être acidifié à froid au moyen de quelques gouttes d'acide lactique avant d'être utilisé, cela en provoque la coagulation et remplace l'effet de la présure, ferment présent dans l'estomac du veau et que l'enfant ne possède pas. Il est, en outre, nécessaire d'écrémer partiellement le lait de vache.

Pour éviter des réactions d'intolérance à des pollutions, choisir les laits d'élevage biologique.

• *Lait concentré sucré :* il est, hélas, souvent utilisé dans les maternités, lorsque certaines mères manquent de lait ou simplement pour calmer ces chers petits. Il s'agit de lait de vache pasteurisé, concentré, homogénéisé et stérilisé. Ces divers stades de cuisson donnent un produit *mort* dépourvu de vitamines naturelles, d'enzymes et des précieux oligo-éléments.

• *Lait concentré non sucré :* mêmes inconvénients que le précédent avec le sucre en moins.

• *Laits maternisés :* il s'agit de lait de vache manipulé et transformé de telle manière qu'il puisse ressembler au lait maternel. Ils contiennent, comme ce dernier, 70 g par litre de lactose mais la teneur en protéines est encore supérieure à celle du lait maternel et pourtant la taurine, acide aminé indispensable au nourrisson, existe en moindre quantité (10 fois moins que dans le lait maternel). Une partie des corps gras est remplacée par des huiles végétales raffinées, transformées, ayant perdu toute activité biologique. Enfin, ce lait contient des vitamines artificielles et un excès de lactose. La présence exclusive de lactose peut provoquer chez le nourrisson des régurgitations et des coliques. Aussi l'a-t-on associé à d'autres sucres (dextrine, maltose) dans les laits modifiés pour éviter ces inconvénients.

Une dernière mise en garde : seule la marque Materna fait une recherche systématique d'une micro-toxine appelée *aflatoxine.* Cette toxine peut provenir des tourteaux que mangent la vache et passer dans son lait. Elle est très dangereuse.

• *Laits entiers ou demi écrémés :* mêmes commentaires que pour le lait de vache. L'écrémage est souvent obtenu par l'emploi d'acides, et ces laits sont ensuite déshydratés, sucrés au saccharose ou au dextrine-maltose.

• *Laits diététiques non maternisés :* ces laits sont mieux tolérés par le nourrisson, car ils sont plus équilibrés que les laits maternisés. Ils sont moins riches en protides, en lactose et en lacto-globuline allergisante. Cependant ils sont supplémentés en fer, calcium et vitamine D d'origine artificielle, et il est difficile d'apprécier l'incidence de ces manipulations sur la santé de l'enfant.

Les laits artificiels s'utilisent à raison d'une mesure pour 30 g d'eau. On obtient ainsi 30 g de lait reconstitué.

Il faut se laver soigneusement les mains avant la préparation des biberons et utiliser des biberons stérilisés. On déposera la tétine dans une assiette propre. On utilisera une eau neutre, c'est-à-dire pas trop minéralisée (Mont-Roucous, Volvic...), de préférence en bouteille de verre. Il est recommandé de la rendre *vivante* par l'exposition à la lumière, vingt-quatre heures, selon les explications fournies dans notre précédent ouvrage.

Remplir le biberon d'eau et le mettre à tiédir dans le chauffe-biberon. On ajoute ensuite le lait et on mélange en faisant tourner le biberon verticalement entre ses mains. On évite ainsi l'accumulation de poudre dans la tétine.

Veillez à ce que l'eau ne soit pas trop chaude : le lait se diluerait mal. Versez sur le dos de votre main quelques gouttes de lait, pour en vérifier la température avant de le donner à votre enfant.

Utilisez toujours la même marque de lait. Et soyez prévoyante : ayez toujours une boîte d'avance. Enfin, ne gardez pas une boîte entamée plus de quatre semaines après son ouverture.

• *Lait de soja :* il est connu depuis fort longtemps dans certains pays comme la Chine. Il s'utilise coupé d'eau (moitié-moitié) et convient très bien aux enfants chez qui le lait de vache déclenche des réactions d'intolérance : urticaire, eczéma, asthme, rhinites allergiques... Il contient pour un litre : 35 g de protides, 22 g de glucides, 25 g de lipides.

Il est donc, de par sa constitution, aussi déséquilibré que le lait de vache. Cependant, il est riche en magnésium et en potassium et apporte à l'enfant des vitamines naturelles (A, B1, B2, B3, B6 et E). En outre, il favorise la synthèse de la vitamine B12 au niveau des intestins. Mais surtout il évite à votre enfant d'ingurgiter, en même temps que son lait, les antibiotiques, les hormones et les vaccins couramment utilisés dans les élevages modernes. Ce lait est donc un excellent lait à partir du moment où il est associé à d'autres laits (lait d'amandes, lait de céréales).

Il existe actuellement un lait artificiel à base de soja, qui s'utilise comme tous les laits artificiels en poudre, mais vous pouvez aussi le préparer vous-même :

La veille, faites tremper le contenu de 3 tasses de haricots de soja, égouttez-les et jetez l'eau de trempage. Mixez les haricots. Ajoutez 3 litres d'eau de source et portez à ébullition. Laissez mijoter cinq minutes en remuant sans cesse. Arrosez d'un peu d'eau froide la purée pour faire tomber le mélange et laissez mijoter. Arrosez de nouveau et laissez mijoter. Ne couvrez jamais le mélange. Vous disposerez ensuite un torchon propre sur une passoire au-dessus d'un récipient et vous y verserez le mélange. Vous replierez les quatre coins pour former un sac et presserez bien le liquide restant. Vous obtiendrez alors du lait de soja.

Versez ce lait de soja dans le biberon et donnez-le à boire au bébé. Si le lait ne coule pas bien, diluez-le avec de l'eau de source et repassez-le à travers un linge jusqu'à obtenir la consistance désirée.

Le lait de soja est très doux, mais si vous voulez l'adoucir encore, ajoutez un peu de sucre d'orge complet ou de sucre complet.

On peut conserver le lait de soja au frais et le réchauffer à la température du corps avant usage.

• *Lait d'amandes :* il contient par litre 20 g de protides, 17 g de glucides et 54 g de lipides.

Ce lait est riche en calcium, potassium, phosphore, manganèse et chlore. Un peu trop gras, il ne devra pas être employé seul mais être associé à un lait de blé ou de soja et à certains jus de fruits frais, selon l'âge.

Pour le fabriquer, l'idéal serait de peler soi-même les amandes. Pour ce faire, il suffit de laisser tremper les amandes une nuit dans de l'eau de source et d'en enlever la peau le lendemain. Ce procédé permet de libérer l'activité enzymatique de l'amande et de la rendre ainsi plus assimilable. La peau que l'on retire facilement après trempage est inassimilable.

Râpez finement 30 g d'amandes puis réduisez-les en pâte dans un mortier. Ajoutez peu à peu en remuant bien 60 g d'eau de source tiédie (40°), puis passez sur une toile fine en écrasant bien. Ce lait ne se conserve pas plus de vingt-quatre heures et ne doit pas être enfermé. On peut éventuellement le remplacer par de la purée d'amandes du commerce diététique.

• *Laits de céréales :* le lait de blé, par exemple, contient par litre 20 g de protides, 68 g de glucides et 1,5 g de lipides.

Sa teneur en lipides est insuffisante. Même si ce lait est intéressant pour le nourrisson, il faudra l'associer à d'autres laits comme le lait de soja ou d'amandes et à des fruits frais pour la vitamine C que ces laits ne contiennent pas.

Tous ces laits présentent donc des inconvénients — rien ne remplacera le lait maternel. Mais nous conseillons, si l'allaitement artificiel est choisi, d'utiliser des laits d'origine végétale de préférence en les associant entre eux et de ne pas oublier d'employer des jus de légumes et de fruits fraîchement pressés ou centrifugés. Ces associations couvriront la ration quotidienne de vitamines et de minéraux nécessaire à votre enfant.

Pour confectionner votre lait de céréales, vous utiliserez : 4 volumes de riz complet rond, 3 volumes de riz doux, 1 volume d'orge (que l'on peut alterner avec du millet ou de l'avoine). (Évitez le sarrasin, le blé et le seigle.)

Faites tremper les céréales dans de l'eau de source (Volvic ou Mont-Roucous) la veille, voire vingt-quatre heures avant. Faites cuire ensuite dans 10 volumes d'eau en laissant mijoter 1 heure trente environ ou jusqu'à absorption de la moitié du liquide. Vous pouvez cuire ces céréales en ajoutant une algue Kombu en cours de cuisson, ce qui a pour effet de rendre ce lait plus digeste et surtout de l'enrichir en calcium.

Lorsque vous préparez le lait de céréales pour un très jeune bébé, placez le mélange de céréales dans un torchon de coton fin et pressez-le pour y laisser le son. Ajoutez ensuite un peu de sucre complet ou de sucre d'orge complet à raison d'une cuillerée à café pour un bol de lait de céréales. Faites chauffer le mélange sucré et laissez mijoter quelques minutes avant l'emploi.

Lorsque vous préparez ce lait de céréales pour un bébé de plusieurs mois, placez le mélange dans un moulin à légumes manuel ou un mixer (plus pratique, mais énergétiquement moins recommandé). Ajoutez le sucre complet de votre choix dans ce mélange. Faites chauffer ce lait à température du corps et versez dans un biberon.

On peut garder le lait de céréales dans un récipient en verre ou en céramique et le réchauffer avant chaque repas.

Si votre lait de céréales s'écoulait mal à travers la tétine, il faudrait le diluer avec un peu d'eau de source (Volvic ou Mont-Roucous) et le passer plusieurs fois à travers une toile de coton fin propre. Vous pourrez également élargir l'ouverture de la tétine avec une grosse aiguille que vous aurez stérilisée en la passant sur une flamme.

Le lait de céréales peut constituer l'un des premiers aliments mous que l'on donne aux enfants quand on commence à avoir recours à d'autres aliments que le lait maternel.

En général, nous conseillons de donner du lait plus liquide aux jeunes bébés et d'augmenter la consistance au fil des mois. La quantité d'eau de source passera ainsi de 10 à 3 volumes pour un volume de céréales selon l'âge du bébé. On peut ajouter aux céréales des graines de sésame prégermées et mixées ou un peu de purée d'amandes dans la proportion de 5 à 10 %.

PRÉPARATION DE QUELQUES AUTRES LAITS VÉGÉTAUX

D'autres végétaux, comme les graines germées, peuvent servir de base à des laits pour nourrissons.

Broyez la graine germée. Mixez-la bien avec 200 ml d'eau de source et passez à travers un linge pour éliminer l'enveloppe du grain. Évitez de sucrer de tels laits.

Pour le lait de blé germé de deux jours, on utilisera 30 g de blé sec, pour le lait de soja vert germé de quatre-cinq jours, 8 g de soja sec, pour le lait de tournesol trempé pendant quatre heures, 10 g de graines sèches décortiquées.

Ces quantités sont valables pour un enfant de six mois au moins.

Il faudra procéder progressivement comme pour tout aliment nouveau et ne donner que le quart du biberon, puis la moitié.

• *Le lait de sésame aux dattes*[1] *:* Faites tremper une nuit 6 cuillerées à soupe de graines complètes de sésame non grillé dans de l'eau de source. Égouttez le lendemain et rincez les graines sous l'eau du robinet. Passez ces graines au mixer avec 2 tasses d'eau de source et 8 dattes naturelles, sans leur noyau. Ajoutez petit à petit de l'eau de source, jusqu'à obtenir 1 litre de préparation.

Ce lait se garde au froid pendant deux jours.

Agitez bien avant de servir et, pour les nourrissons, passez à travers un linge.

• *Autres recettes similaires :*

— 3 cuillerées à soupe de sésame et 3 cuillerées à soupe de soja cuit ;

— 3 cuillerées à soupe de sésame et 3 cuillerées à soupe de graines de tournesol ;

— 3 cuillerées à soupe de sésame et 3 cuillerées à soupe de noix de coco râpée.

La stérilisation des biberons

Après chaque tétée, il faut toujours laver le biberon, avec de l'eau savonneuse et un écouvillon. On nettoiera soigneusement la tétine, à l'envers et à l'endroit, en insistant bien sur les plis et la fente d'écoulement. On rincera soigneusement. La tétine sera mise à sécher, debout, à l'envers. Ce n'est qu'ensuite que le biberon sera stérilisé, soit dans un stérilisateur, soit dans une Cocotte-minute, soit encore dans une grosse casserole.

Dans ces deux derniers cas, il convient de maintenir les biberons une dizaine de minutes dans l'eau qui bout. Veillez à vous procurer une pince spéciale pour les retirer de l'eau, et évitez de mettre les doigts dessus.

Égouttez les biberons verticalement, l'ouverture vers le bas sur un linge propre, et essuyez l'extérieur avec une autre serviette. Rangez-les ensuite dans un placard, ou au réfrigérateur, après avoir replacé les tétines et mis le cache-tétine par-dessus.

Évitez de préparer trop à l'avance un biberon, et, dans ce cas, gardez-le au réfrigérateur. Ne laissez pas un biberon au chaud dans le

---

1. D'après Freya Dinshah de New Jersey.

chauffe-biberon pendant plusieurs heures. Chauffez-le au dernier moment.

Attention, pas de fours à micro-ondes ! C'est un appareil nouveau sur lequel on a peu de renseignements et dont on connaît mal les inconvénients possibles. Ce type de cuisson se fait au moyen d'un canon à électrons, qui produit une agitation des molécules d'eau. Cet appareil a très vite séduit par sa facilité d'emploi, le gain de temps qu'il permet et le peu d'entretien qu'il réclame. Mais, selon les informations dont nous disposons, la fréquence d'agitation des molécules serait de 2 milliards 450 millions de fois par seconde. Que devient alors l'énergie propre de l'aliment ? Nous pensons qu'il s'agit d'un mode de chauffage ou de cuisson à éviter. Des accidents d'utilisation sont survenus, car ce type de cuisson ne chauffe pas les plats dans lesquels sont déposés les aliments. Des mamans n'ayant pas vérifié la température du lait, puisque le verre n'était pas chaud, ont brûlé des enfants. Soyez prudente ! Prenez garde également aux fuites éventuelles par altération du joint de porte. Il a été mis sur le marché un détecteur de fuites, seul système pour déceler ce danger. Les femmes enceintes et les porteurs de pile cardiaque doivent éviter d'utiliser les fours à micro-ondes.

Évolution de l'alimentation de l'enfant selon les âges

Le mieux est d'allaiter son enfant jusqu'à ce que ses premières dents se mettent à pousser. Il faut alors diminuer la quantité de lait et introduire d'autres aliments. Vous habituerez votre enfant au biberon en lui faisant d'abord boire de l'eau de source seule, à température du corps, éventuellement légèrement miellée. Évitez autant que possible de l'habituer au goût sucré. Ensuite, vous pourrez lui donner des jus de fruits ou de légumes, fraîchement pressés ou centrifugés, dilués avec de l'eau de source.

Puis, peu à peu, vous introduirez les céréales, les soupes, le tofu et les légumineuses mixées. Enfin, de temps en temps (une ou deux fois par semaine), on introduira un peu de viande (de volaille de préférence), de poisson et de jaune d'œuf coulant. Laissez l'enfant mâchonner une croûte de pain complet rassis. Il s'habituera au goût et cela soulagera ses gencives endolories par la croissance des dents.

QUELLES QUANTITÉS DE LAIT ?

Si votre enfant est élevé dès sa naissance au biberon, voici les quantités de lait que vous devrez lui proposer en fonction, les premiers jours, de son âge ; par la suite, de son poids.

— Le 1er jour, en principe 6 fois 20 g de lait.

Durant la première semaine, on augmente ensuite de 10 g par jour et parfois, si le bébé le réclame, un 7e biberon peut être donné la nuit.

— 2e jour : 6 fois 30 g d'eau plus une mesure de lait en poudre ;
— 3e jour : 6 fois 40 g ;
— 4e jour : 6 fois 50 g ;
— 5e jour : 6 fois 60 g ;
— 6e jour : 6 fois 70 g ;
— 7e jour : 6 fois 80 g ;
— du 8e au 14e jour on donnera : 6 fois 90 g.

Par la suite, c'est sur le poids de l'enfant que l'on se fonde pour déterminer la quantité. La ration se calcule selon la formule :

$$\frac{\text{Poids de l'enfant (en grammes)}}{10} + 250 \text{ à } 350 \text{ g}$$

Soit, pour un enfant de 4 kg,

$$\frac{4\,000}{10} + 250 \text{ à } 350 \text{ g} = 650 \text{ à } 750 \text{ g},$$

par exemple : 720 g. Soit 6 fois 120 g, ou 5 fois 140 g.

S'il est nécessaire d'épaissir les repas, on peut avoir recours à la farine de sarrasin crue, que l'on fera soi-même, avec un moulin à céréales, ce qui est l'idéal, ou avec un broyeur à café dont on peut régler le degré de mouture.

On commencera par une cuillerée à café dans le biberon qui correspond au moment où l'enfant a le plus d'appétit. Au 2e mois, on peut faire de même pour un deuxième biberon. L'adjonction de farine rend le lait plus digeste. Le riz et le sarrasin rendent les selles plus fermes, l'avoine plus molles.

Les vitamines seront données sous forme de jus de fruits naturels. On commence par le citron en gouttes ou par l'orange, à raison d'une cuillerée à café diluée dans un même volume d'eau (le citron, moins traité, est préférable).

Ensuite, on augmentera en fonction de l'âge, il faut savoir que le raisin risque de purger. Attention aux carottes qui contiennent beaucoup de nitrates. Choisir si possible des fruits et légumes biologiques et très frais.

Évitez ce qui n'est pas de saison. En hiver, lorsqu'on est limité, on peut avoir momentanément recours aux jus de fruits en ampoules, vendus en pharmacie. Mais cette pratique ne doit pas être généralisée. Les bananes mûres sont bien acceptées par les jeunes enfants.

La vitamine D se donne dès le premier mois, à raison de 1200 UI[1] pour un enfant de race blanche, et 1600 UI pour un enfant de couleur.

La vitamine F, sous la forme d'huile de tournesol pressée à froid, se donne dès le premier mois, à raison d'une goutte par mois et par repas. On répartira la quantité de la journée sur plusieurs repas.

— Entre 2 et 3 mois, on passe à 5 biberons. A 2 mois : 150 ml de lait par repas ; à 3 mois : 160 ml de lait par repas.

On pourra rajouter 1 à 2 cuillerées à café de farine de céréales fraîchement moulues dans un ou deux biberons. En principe, une cuillerée à café par mois d'âge. Ne pas oublier l'huile de tournesol vierge, dont on augmentera la quantité.

— De 3 à 4 mois, on est à 170-180 ml par repas. Le matin, le biberon comporte éventuellement 2 cuillerées à café de farine de cérales (ni blé ni seigle crus) ;

10 heures : un biberon de lait seul ;

13 heures : un biberon repas avec des légumes cuits à la vapeur et mixés très fins, des céréales cuites, accompagnées d'une demi-cuillerée à café d'huile de tournesol de première pression à froid.

Dans l'après-midi : un biberon de lait seul.

Le soir, même chose que le matin.

LE SEVRAGE

Jusqu'à deux mois, l'enfant est allaité 6 fois par jour. Le sevrage peut commencer dès le troisième mois et être mené selon l'exemple suivant :

- *Troisième mois*

Première semaine

3 tétées le matin ;

1 biberon de jus de fruits dilué, de lait de soja ou d'amandes vers 15 heures ;

2 tétées en fin de journée et le soir.

---

1. UI : unités internationales.

Deuxième semaine

1 tétée le matin ;

1 biberon de jus de fruits dilué, lait de soja à 9 heures ;

1 tétée à midi ;

1 biberon de jus de fruits ou de jus de carotte dilué, lait de soja ou d'amandes vers 15 heures ;

2 tétées en fin de journée et le soir.

Troisième semaine

1 tétée le matin ;

1 biberon de jus de fruits ou de carotte dilué, lait de soja ou lait diététique ;

1 tétée à midi ;

LES RECOMMANDATIONS DU DOCTEUR CATHERINE KOUSMINE

Dès le début du quatrième mois, si vous ne nourrissez plus votre bébé au sein, vous pouvez commencer à lui donner du lait de vache coupé d'eau (2/3 de lait-1/3 d'eau de source), et acidifié à l'acide lactique. Essayez d'en connaître si possible la provenance. En tout cas, jamais de lait stérilisé UHT. Vous vous procurerez l'acide lactique (sous forme liquide et non en pastilles) à la pharmacie. Il faut mettre 60 g d'acide lactique dans 500 g d'eau de source (faire préparer par le pharmacien) et compter une cuillerée à café de ce mélange par 100 g de lait. Versez lentement sur le lait bouilli et refroidi, en battant vigoureusement au fouet. On peut préparer à l'avance le lait pour une journée. Au quatrième mois, vous pouvez sucrer le lait avec du sucre complet (sucrer à 10 %).

Donnez 10 gouttes d'huile de tournesol biologique de première pression à froid par jour et toujours une cuillerée à café de citron pressé.

Mettez dans un biberon 10 g de céréales fraîchement moulues en veillant à obtenir une farine bien fine. Certaines céréales comme le riz et le sarrasin sont plus dures et devront être moulues plus longtemps. Ne donnez ni blé ni seigle. Si tout se passe bien, vous pourrez passer à 15 g par jour au bout de 15 jours.

Donnez aussi quotidiennement 1 à 2 cuillerées à café de banane ou de pomme de terre cuite à la vapeur douce, écrasée avec un peu du lait du biberon.

Dès le début du cinquième mois, vous pourrez passer à 20 gouttes d'huile de tournesol par jour, 20 g de céréales fraîchement moulues et 3 ou 4 cuillerées de banane ou de pomme de terre par jour.

Donnez à la place d'un biberon 250 g de bouillon de légumes préparé selon notre méthode.

Pas de choux ni de légumes pouvant provoquer des gaz, mais plutôt des carottes, des céleris, des asperges, du fenouil, des salades comme la laitue, des bettes, des épinards. Vous pourrez mettre la moitié de la ration journalière de céréales dans le bouillon de légumes.

Dès le début du sixième mois, vous pourrez commencer à sucrer légèrement le biberon au miel garanti extrait à froid, ou au sirop d'orge complet.

La ration journalière doit comporter :

1 litre de liquide par jour (cette quantité restera valable toute sa vie) réparti de la manière suivante :

— 1/2 litre de lait acidifié, coupé de 250 g d'eau de source,

— 250 g de bouillon de légumes,

— + 25 g de céréales fraîchement moulues (riz, sarrasin, avoine, orge),

— + 5 ou 6 cuillerées à café de banane ou de pomme de terre écrasée, ou de pêche, pomme, abricot, framboise, mûres,

— + 2 cuillerées à café de citron pressé ou de pamplemousse (pas d'orange, trop lourde pour le foie),

— 1 amande pilée très finement ou 1/2 cuillerée à café de purée d'amandes,

— 1 cuillerée à café d'huile de tournesol première pression à froid.

1 biberon de jus de fruits dilué vers 15 heures ;
1 biberon de lait de soja vers 18 heures ;
1 tétée le soir.

Quatrième semaine

1 tétée le matin ;
1 biberon de lait de soja vers 9 heures ;
1 purée de légumes finement mixée avec du tofu à midi ;
1 biberon de jus de fruits dilué vers 15 heures ;
1 biberon de lait de blé ou de céréales vers 18 heures ;
1 tétée le soir.

- *Quatrième mois*

Les quinze premiers jours

Le nombre des repas qui était de 6 passe à 5 puis à 4 par jour.

1 biberon de lait de soja le matin ;
1 biberon de jus de fruits dans la matinée ;
1 purée de légumes finement mixée avec un jaune d'œuf cru à midi ;
1 compote de fruits frais mixée dans l'après-midi au goûter ;
1 tétée au sein pour le dîner.

Lorsqu'on désire arrêter l'allaitement, il est possible d'avoir recours à certains aliments dont le plus connu est le persil frais.

On peut y adjoindre : Phytolacca 5 CH à raison de 3 granules 3 fois par jour ; Pulsatilla 5 CH à raison de 3 granules 3 fois par jour ; Calcarea Carbonica 9 CH à raison d'une dose.

Les quinze derniers jours

1 biberon de lait de blé ou de céréales le matin ;

1 purée de légumes finement mixée avec un peu de viande ou de poisson ou de jaune d'œuf coulant ou de tofu à midi ;

1 compote de fruits frais et de fruits oléagineux prétrempés et finement mixés au goûter ;

1 biberon de lait de soja au dîner.

LES PREMIERS COMPLÉMENTS ANIMAUX

C'est à partir du cinquième mois qu'il est possible d'introduire les compléments animaux. On commencera par le jaune d'œuf mollet, éventuellement le poisson. La viande ne devrait être introduite qu'au cours de la deuxième année.

• *De 5 à 6 mois :*
biberon de lait (210 ml) au petit déjeuner ;
10 heures, jus de fruits frais ;
à midi : 150 g de purée de légumes + 20 g de céréales cuites mixées additionnées de 6 gouttes d'huile de tournesol vierge et d'un demi-jaune d'œuf.

Pour terminer, 4 à 6 cuillerées à café de fruits crus écrasés ;
à 16 heures : biberon de lait (210 ml) ;
le soir : potage de légumes additionné d'huile de tournesol vierge.

• *De 6 à 9 mois :*
biberon de lait le matin et à 16 heures, jus de fruits à 10 heures ;
à midi et le soir deux vrais repas. On peut introduire la viande, en évitant le porc — y compris le jambon —, l'agneau, le mouton, le cheval ; on choisit plutôt le bœuf, le veau, le poulet fermier et le foie de veau biologique, élevé sous la mère.

• *De 9 mois à 2 ans :*
on augmentera les quantités progressivement. L'alimentation se rapproche de plus en plus de celle de l'adulte, de consistance plus solide et de composition plus variée.

Toujours tenir compte de la saison pour choisir les légumes et les fruits, et des besoins liés à la croissance.

Ne pas chercher à faire manger trop tôt l'enfant avec une cuillère.

Les biberons seront conservés le matin et à 16 heures. Le matin, dès le 5e mois, on peut donner la crème Budwig[1].

A midi : 180 g de légumes + 30 à 40 g de céréales ou 30 g de poisson ou de viande, ou un demi-œuf mollet (éviter l'œuf dur, en raison du blanc cuit), purée de fruits ou yaourt, 2 fois par semaine ;
à 16 heures : biberon ;
le soir : potage de légumes, purée de fruits.

Recommandations sur la qualité des premiers aliments

Le sucre

L'être humain est naturellement porté vers les produits sucrés. Puisque vous avez pris de bonnes résolutions, que vous avez allaité

---

1. *Votre alimentation selon l'enseignement du Dr Kousmine.*

votre enfant, profitez-en pour l'initier à des goûts naturels. Ce ne seront pas forcément les vôtres, mais vous tirerez certainement profit vous-même de cette initiation.

Observons simplement ce tableau comparatif des divers nutriments contenus dans les sucres que propose le commerce :

Nutriments	*Sucre blanc*	*Sucre roux*	*Sucre complet*
Saccharose	99,5 g	96 g	80 g
Glucose	0	1 g	5 g
Calcium	10 mg	80 mg	100 mg
Fer	0,1 mg	1 mg	35 mg
Magnésium	0	20 mg	100 mg
Phosphore	0,3 mg	3 mg	80 mg
Provitamine A	0	0	4 mg
Vitamine B1	0	0,01 mg	10 mg
Vitamine B2	0	0,006 mg	0,15 mg
Vitamine C	0	0	38 mg

Source : La Vie Claire, 1988.

Ces chiffres parlent d'eux-mêmes !

D'autres formes d'édulcorants sont envisageables : le miel, très assimilable et doté de vitamines et minéraux, le sucre de datte appelé sirop de datte, riche en magnésium, le malt de riz ou d'orge contenant un apport non négligeable de vitamines et minéraux... Tous ces édulcorants se trouvent dans les magasins de diététique.

Évitez toutes les préparations du commerce qui mentionnent l'adjonction de glucose. Celui-ci est obtenu par le traitement de la fécule à l'acide chlorhydrique ou sulfurique.

Si vous allaitez votre enfant, il est inutile de lui donner quoi que ce soit d'autre avant l'âge de 3 mois. Vous l'adapterez petit à petit à de nouvelles saveurs en introduisant, dans la journée, un biberon de fruits ou de légumes dilués.

Les laitages autres que le lait

Ce type d'aliment entrera dans le menu de votre bébé à partir du cinquième mois. Ce seront les yaourts et les fromages blancs. Il faudra attendre l'âge de neuf mois pour introduire les fromages salés comme les carrés demi-sel, le gruyère, le comté, etc. Essayez de ne choisir que des laitages biologiques. Si vous en avez le courage, élaborez vous-même vos yaourts[1] et vos fromages blancs ; surtout n'employez que des laits entiers. Pas de laitages dégraissés pour nos enfants. N'oubliez pas, ils sont en pleine croissance !

Ne donnez les fromages exagérément salés à votre enfant

(fromage de chèvre, roquefort) qu'à partir de son premier anniversaire.

Les matières grasses

Il faut distinguer celles qui sont naturellement contenues dans les aliments (viandes, produits laitiers) des matières grasses d'appoint (beurre, huile, crème).

Il ne faut surtout pas vouloir les supprimer complètement car votre enfant en a besoin pour sa croissance. Cependant, sachez les choisir. D'une manière générale, évitez les margarines, le beurre, les graisses végétales et les huiles raffinées. Apprenez très tôt à l'enfant, dès l'âge de trois mois, à consommer de l'huile de tournesol biologique de première pression à froid. Vous commencerez par lui en donner 1/3 de cuillerée à café pour aller jusqu'à une cuillerée à café à partir du 6e mois.

Les fruits et les légumes

Ils doivent être d'une extrême fraîcheur, mûrs à point, et autant que possible de saison.

Si, dès le départ, vous habituez votre enfant à consommer des produits frais, plus tard il les aimera naturellement. En revanche, si vous ne lui donnez des fruits et des légumes qu'en petits pots, votre enfant boudera toujours les légumes et sera un de ces nombreux clients des fast-foods et... du médecin.

Ces quelques mois d'efforts seront bénéfiques à votre enfant toute sa vie. Sa santé et sa vitalité seront votre récompense.

Les œufs

Contrairement aux croyances populaires, l'œuf ne fait pas mal au foie. Il doit impérativement être d'origine biologique. C'est sa provenance et la manière dont il est préparé qui déterminent son degré de digestibilité.

On donnera le jaune à partir de 6 mois. L'œuf ne sera donné dans son intégralité (blanc et jaune) qu'à partir d'un an. On donnera seulement le jaune à partir de 6 mois. Vous veillerez à toujours *épurer* votre œuf, c'est-à-dire que vous passerez vingt secondes votre œuf entier avec sa coquille à la vapeur douce.

Plus vous cuirez le jaune d'œuf, plus il sera indigeste et perdra un certain nombre de ses principes nutritifs. Tant qu'il n'est pas dur, le jaune d'œuf contient des lécithines qui combattent le cholestérol !... Gardez-le coulant (œufs coque, œufs mollets).

Les viandes

Les viandes sont riches en protéines et en acides aminés ; cependant, elles doivent être proposées raisonnablement au bébé.

Progressivement à partir du treizième mois, vous pourrez lui proposer de la volaille, du bœuf, du foie de génisse ou de veau fermiers. Évitez le porc avant un an et pas de cheval du tout, car les risques de contamination sont trop grands. Le steak haché par le boucher est un véritable bouillon de culture. Préférez les viandes que vous aurez vous-même cuites à la vapeur et que vous hacherez à la maison.

La surveillance de l'odeur des selles de votre enfant est un excellent moyen pour vérifier sa bonne tolérance des produits animaux.

Des selles nauséabondes signent une mauvaise assimilation des protéines, qui peut être due à une surconsommation de ces produits, ou à une mauvaise digestibilité par insuffisance de mastication. Il est donc nécessaire de bien mixer les aliments pour les rendre plus facilement assimilables. Vous en réduirez même la consommation jusqu'au retour de selles non putrides.

Les légumes secs

Très nourrissants, ils apportent à votre bébé des protéines, du phosphore, du magnésium, du fer, des vitamines du groupe B et on a trop tendance à les oublier. Cependant, ils peuvent se révéler difficiles à digérer et provoquer des flatulences. C'est pourquoi nous vous conseillons de ne les donner qu'à partir du neuvième mois et de les faire prégermer. Essayez de ne les donner qu'aux saisons froides, c'est-à-dire de novembre à mars, à raison de deux fois par semaine.

Les fruits secs

Très riches en minéraux et en sucres complets, les fruits secs peuvent être proposés à bébé à partir de 9 mois, en compote (abricots secs, pruneaux, figues sèches) et mélangés à des laitages.

Les fruits secs peuvent être dégustés tels quels à partir d'un an. Faites simplement attention aux noyaux (pruneaux, dattes) que vous veillerez à retirer auparavant.

Les poissons

Les poissons seront choisis frais et non pas congelés. Évitez les poissons panés qui sont riches en matières indésirables et qui surchargent l'organisme.

Bébé peut commencer à en manger vers 5 mois en très petite quantité (pas plus de 20 g par jour).

Commencez par lui donner des poissons blancs et maigres (cabillaud, sole, dorade, etc.), puis élargissez l'éventail vers le 8ᵉ mois et n'hésitez pas à donner des poissons gras (maquereau, sardine, thon, etc.) car ils contiennent des graisses de bonne qualité. Vous en aurez levé les filets et aurez soigneusement retiré les arêtes.

Les céréales et le pain

Il est bien dommage que, maintenant, le terme céréale soit associé aux *corn flakes,* aux semoules blanchies, aux riz blanchis, aux pâtes alimentaires, aux bouillies diverses, dépourvus en grande partie de leur matière nutritive. Quand nous parlons céréales, nous voulons parler des céréales complètes, celles qui ont gardé leur pouvoir vital de germination. Nous n'envisageons le pain que sous forme complète, biologique, obtenu par fermentation naturelle, c'est-à-dire à partir d'un levain naturel sans levure. Vous pourrez donner un tel pain, de préférence rassis, à grignoter à votre enfant dès l'âge de 9 mois.

Vous pourrez introduire, en toute petite quantité, des céréales fraîchement moulues et crues (avoine, millet, orge, riz) à partir de 3 mois, si vous n'allaitez pas. Si vous allaitez, vous pourrez attendre le cinquième, voire le sixième mois, si l'enfant se développe bien.

Les céréales complètes, qui constituent le principal aliment du bébé, doivent être très molles, douces au goût. Vous augmenterez petit à petit la quantité de légumes, qui seront bien cuits et écrasés. Le lait de céréales complètes en grains peut être introduit dans l'alimentation du bébé vers 8-12 mois. Ses principaux composants en sont le riz complet, le riz doux et l'orge. Le millet et l'avoine peuvent être utilisés de temps en temps, surtout en hiver, tandis que le blé, le sarrasin et le seigle ne sont pas recommandés trop tôt.

Pour les bébés de moins d'un an, on peut ajouter une petite quantité de sucre d'orge complet ou de sucre de canne complet pour adoucir le lait.

Le sel

Notre alimentation est beaucoup trop salée. On sait que le goût du sel provient de l'enfance. Grâce à notre méthode de cuisson, qui préserve les sels minéraux dans leur intégralité, vous pourrez ne pas saler du tout. En effet, les légumes sont naturellement salés à quelques exceptions près (pomme de terre). Même si vous ne trouvez pas le plat de bébé assez salé à votre goût, il le sera bien assez au sien.

Laissez-lui cette chance ! N'introduisez donc le sel qu'entre 14 et 18 mois et, encore, en infime quantité.

Les fruits frais

Les fruits jouent un rôle primordial dans l'alimentation de bébé mais aussi plus tard dans l'alimentation de l'adulte. Dès l'âge de 4 mois, on pourra donner une cuillerée à café de citron fraîchement pressé avec une ou deux cuillerées à café de banane mûre bien écrasée. C'est par les fruits que l'enfant va apprendre qu'il existe autre chose que le lait. Au début, vous lui donnerez des fruits fraîchement centrifugés ou pressés, de préférence biologiques, ou des compotes bien lisses, sans grumeaux. Ne sucrez ni les jus ni les compotes. Les fruits contiennent naturellement bien assez de sucre. S'il faisait la grimace devant certains fruits (cerises, prunes), mélangez-les alors à du fromage blanc.

Choisissez de préférence des fruits biologiques, mûrs à point, de saison et sans trace de moisissure ou de pourriture. Lavez-les avec soin et pelez-les pour éliminer toute trace éventuelle de pesticide.

Interdit aux petits

L'alcool sous toutes ses formes

Le café, le thé

La viande de cheval (risque de contamination par les staphylocoques trop élevé)

Le veau et le foie de veau élevé en batterie : il doit obligatoirement être fermier élevé sous la mère

La viande de porc au-dessous d'un an

Le gibier

Les coquillages

Les poissons fumés, les œufs de poisson fumés

Toutes les conserves

Toutes les fritures

Toutes les graisses cuites

Les huiles raffinées

Toutes les margarines et graisses dites végétales

Les petits pots industriels

Les boissons gazeuses

Tous les jus de fruits en bouteille

Le vinaigre, la moutarde et autres condiments

Les épices violentes (poivre, piment)

Les cacahuètes (car il y a risque d'étouffement et, de toute façon, elles sont, en général, passées dans l'huile bouillante, grillées et salées).

Les bonbons, sucettes et autres confiseries

Les charcuteries

Toutes les céréales blanchies et raffinées.

A propos des petits pots

C'est vrai qu'ils sont pratiques, qu'ils permettent de gagner du temps et que les enfants les consomment sans difficulté... Mais ces petits pots leur pervertissent le goût dès l'origine.

Ils contiennent deux fois plus de sucre que la même préparation faite à la maison. Ils sont également trop salés. Les légumes sont cuits à haute température et les pots sont stérilisés, c'est-à-dire qu'ils sont dépourvus de principes vitaux. La vitamine C ajoutée est d'origine synthétique. Les produits utilisés ne sont pas d'origine biologique et présentent donc les inconvénients liés à leur mode de production (nitrates, pesticides).

DEUXIÈME PARTIE

SOIGNER SON ENFANT

Comment sera votre enfant ?

C'est toujours une préoccupation sinon une angoisse pour les parents de savoir si l'enfant qu'ils ont ou celui qu'ils attendent est ou sera « comme les autres ». Mais aucun enfant n'est identique à un autre, et ce même au sein d'une famille — exception faite des vrais jumeaux. Selon le patrimoine légué par les parents, et les conditions de vie liées au milieu familial, aux accidents, etc., chaque enfant présente des dispositions particulières.

Pourtant, il est possible de mieux comprendre le comportement de nos enfants à travers la classification des homéopathes qui distinguent :

- Les *brévilignes,* plutôt petits, trapus, aux membres courts, aux mains carrées. Ils sont robustes, résistants, mais d'un tempérament assez lent, méthodiques, voire conservateurs. On dit d'eux qu'ils ont les pieds sur terre. Avec l'âge, ils ont tendance à s'empâter. (Ils sont sous la dépendance du carbone.)
- Les *longilignes,* minces, au thorax étroit, aux membres graciles et aux mains rectangulaires. Ils sont intuitifs, mais d'un tempérament distrait, rêveurs et hypersensibles. Vite fatigables, ils abandonnent souvent ce qu'ils entreprennent, par manque de résistance et d'endurance. Ils ont plutôt la tête dans les nuages. (Ils sont sous la dépendance du phosphore.)
- *Les normolignes,* bien équilibrés physiquement et psychologiquement, ce sont de bons vivants, sanguins, à l'esprit vif. Leur faiblesse est de se croire d'une santé à toute épreuve. Pourtant, ils sont bâtis pour devenir centenaires, avec un peu de sagesse. (Ils sont sous la dépendance du soufre.)

Chacun de ces trois types de constitutions peut présenter une *dystrophie* qui est sous la dépendance du fluor et responsable d'une instabilité physique qui entraîne :

— les mauvaises implantations dentaires,

— les scolioses,

— les hyperlaxités ligamentaires,

— une fragilité artérielle et veineuse, mais aussi psychique (sujets au comportement parfois imprévisible).

Ces sujets devraient éviter toute prise de fluor (sous forme de pâte dentifrice, comprimés...) qui ne ferait qu'accentuer leur tempérament.

Chacune de ces constitutions est liée bien sûr à l'hérédité. Il n'est donc, *a priori,* pas possible de la modifier. Toutefois, à la lumière de ces notions simples, il est possible, peut-être, de comprendre les handicaps de votre enfant et d'essayer d'y remédier par l'éducation. C'est là le rôle des parents.

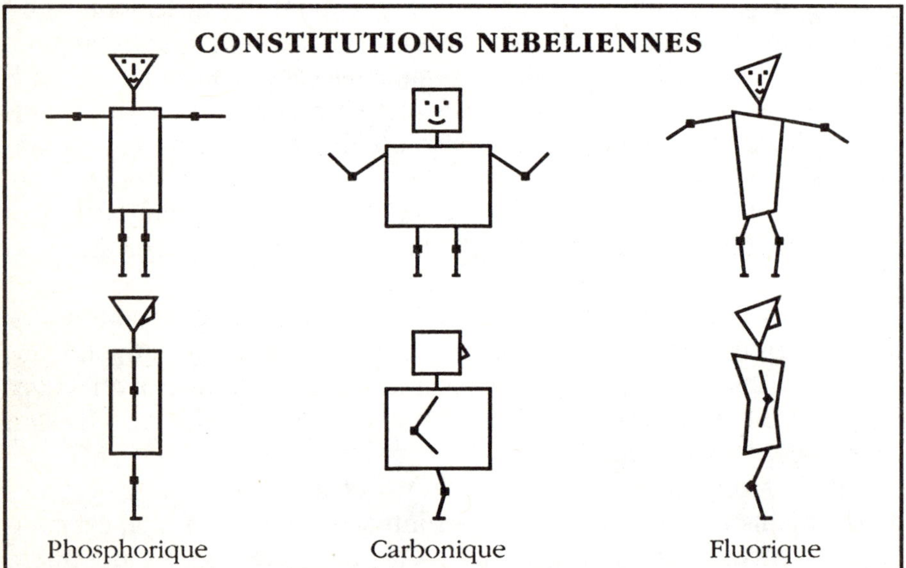

Savoir éduquer avec amour

Quels sont les parents qui ne désirent pas de beaux enfants vigoureux et débordants de santé ? Mais concrètement que devons-nous faire pour cela ? Nous en remettre à la nature, au hasard ?

Comme nous traînons tous plus ou moins avec nous quelques imperfections transmises par nos aïeux, que pouvons-nous attendre de la bonne mère Nature ? Sinon qu'elle mette au grand jour — parfois avec quelques générations de décalage — les fautes de nos ascendants ! C'est ainsi par exemple que l'alcoolisme saute plusieurs générations avant de se manifester dans la descendance. « Les parents boivent, les enfants trinquent... » Pas nécessairement mais la tare se retrouve toujours plus ou moins à l'une ou l'autre des générations suivantes.

Si vous voulez de beaux enfants, il faut vous donner les moyens pour cela. Et, en priorité — nous vous le répétons tout au long de ce livre —, surveiller leur alimentation. Car c'est à partir des aliments consommés, chaque jour, que le corps de l'enfant va se construire peu à peu. A l'évidence, nous sommes ce que nous mangeons. C'est pourquoi il est important de surveiller l'alimentation des enfants, plutôt que de les nourrir selon les critères qu'une publicité mercantile tente de nous imposer.

Mais l'alimentation n'est pas tout. Il conviendra aussi de surveiller ce que voit et entend votre enfant. Car, dès le plus jeune âge, il enregistre tout comme une bande magnétique. Et c'est bien à tort que certains parents pensent qu'il n'est pas nécessaire de se surveiller devant les enfants en bas âge : « Ils sont trop petits, ils ne comprennent pas... » Pour l'éducation, l'erreur est identique : « Attendons qu'il soit plus grand, qu'il parle et qu'il comprenne ! » Ce comportement est catastrophique : les enfants en bas âge sont dociles et réceptifs ; passé l'âge de deux ans, les habitudes sont prises, et il sera aussi difficile de modifier un mauvais comportement que de redresser, après quelques années, l'arbre poussé de travers, parce qu'on n'a pas pris la précaution de doter d'un bon tuteur l'arbrisseau encore malléable.

Contrairement aux idées reçues, les enfants comprennent bien et très tôt, et certains de leurs comportements font bien apparaître qu'ils cherchent à connaître les limites de ce qui leur est permis. C'est pourquoi il leur arrive de désobéir pour provoquer la sanction. Aussi, face à une position claire et définie des parents, l'enfant sait exactement ce qui lui est autorisé ou interdit. La netteté avec laquelle lui apparaissent déjà ses devoirs le sécurise, et c'est pour lui la meilleure école de la vie en société qui l'attend et à laquelle nul n'échappe, sauf à se poser en marginal.

Soyez logique dans votre comportement et restez ferme. Un ordre donné doit être respecté, et vous n'avez pas, *a priori,* à vous justifier. Mais veillez à ce que votre enfant sente bien que vous agissez non par autorité mais par amour. Donc dans son intérêt. Lorsqu'il est plus grand et peut comprendre, il est alors possible de lui expliquer pourquoi vous lui interdisez, par exemple, de faire du vélo dans la rue.

D'autre part, il n'est pas nécessaire de crier pour se faire obéir. Si votre enfant s'accoutume à vous entendre crier constamment, il ne fera plus cas de ce que vous pourrez lui dire calmement.

Il est encore moins recommandé de recourir aux coups. Ceux-ci doivent être exceptionnels. Ils n'en seront que plus marquants, même s'ils sont symboliques. Car il n'est pas indispensable de faire mal physiquement pour que l'enfant réagisse.

Attention aussi aux compagnons de jeu de vos enfants ! Essayez de lui en choisir qui aient une éducation qui correspond à celle que vous vous efforcez de lui dispenser : inutile de laisser détruire à l'extérieur ce que vous avez tant de mal à construire à la maison.

Sélectionnez les livres et les émissions de télévision qu'il regarde. Tous les dessins animés ne sont pas inoffensifs. Beaucoup sont pervers et banalisent la violence d'une façon dangereuse. Soyez là pour donner une explication, ou porter un jugement qui remette les choses à leur juste place.

Un enfant est sensible à ce qu'on dit. Surveillez votre langage et n'hésitez pas à valoriser chez votre enfant ce qui mérite de l'être. Ne le traitez pas d'incapable, de bon à rien, etc., vous lui donneriez des complexes d'infériorité. Mais ne l'idolâtrez pas non plus ; gardez-vous, en sa présence, de louanges exagérées, vous aboutiriez à la situation inverse. Contentez-vous de noter ce qu'il y a de positif dans son comportement et de l'encourager à persévérer dans cette voie. Ainsi sera-t-il enclin à se dépasser et, même s'il échoue, ne se sentira-t-il pas culpabilisé.

Combien de complexes et de situations conflictuelles n'ont-ils pas comme racines profondes des refoulements qui remontent à l'enfance ? Analysez chez vous-même tout ce qui vous a marqué dans votre jeunesse et essayez d'en tirer les conclusions.

Ne prenez pas pour autant le contre-pied de ce que vous avez connu. Car il n'y a pas d'éducation miracle. En effet, au sein d'une même famille, chaque enfant est différent, aussi bien dans le physique que dans sa sensibilité, son caractère et son comportement. C'est pourquoi on peut dire que chaque enfant est unique et qu'il n'y a pas de modèle idéal d'éducation. Mais il y a une recette valable pour tous : l'amour. Cela n'exclut pas la fermeté !

Les plus banales maladies d'enfant

Même nourri et élevé avec le plus grand soin, votre bébé n'échappera pas à certains petits troubles de santé qu'il faut savoir identifier pour y remédier efficacement. Ne vous affolez pas. Il s'agit d'indispositions la plupart du temps bénignes, nous dirions presque, si cela n'était pas contradictoire, « normales ».

RÉGURGITATION, VOMISSEMENTS

La régurgitation est un petit renvoi de lait, qui survient après la tétée. Les enfants gloutons qui tètent trop et trop vite y sont sujets. C'est donc avant tout un symptôme lié au comportement de l'enfant. Bien souvent, pour l'éviter, il suffira de faire au cours de la tétée des pauses pendant lesquelles on distraira l'enfant quelques instants. Pour ceux qui sont nourris au biberon, on réduira également le débit de la tétine.

Bien plus sérieux est le vomissement. Il s'agit du rejet d'une quantité plus importante, pouvant aller jusqu'à l'intégralité du repas. Ceci peut être occasionnel ou survenir de façon répétée. Chaque fois, il sera important de noter :

— la nature du vomi (glaire, repas) ;
— la quantité approximative (une cuillerée à soupe, un verre) ;
— la présence ou l'absence de fièvre ;
— si l'enfant semble souffrir du ventre ;
— s'il a eu des selles et/ou des gaz dans la journée.

Il faut savoir que toute maladie infectieuse avec fièvre peut s'accompagner de vomissements.

Lorsque l'enfant présente fièvre, douleurs de la tête, raideur de la nuque, vomissements, il faut craindre une méningite et consulter sans délai votre médecin. Celui-ci proposera peut-être une hospitalisation pour un bilan (infection virale, la plus fréquente, bactérienne, parfois plus délicate à traiter).

Lorsqu'il y a vomissements, refus de boire, douleurs abdominales, absence de selles et/ou de gaz, il faut craindre une pathologie chirurgicale — l'appendicite (qui s'accompagne de fièvre), l'invagination intestinale, la hernie étranglée, qui aboutissent à une occlusion. Il faut alors une hospitalisation immédiate et une intervention chirurgicale.

On rencontre fréquemment trois autres pathologies :

1. le reflux gastro-œsophagien. Il s'agit d'un mauvais fonctionne-

ment du sphincter supérieur de l'estomac (cardia), qui devrait normalement empêcher la remontée des aliments vers l'œsophage ;

2. les vomissements à l'acétone que l'on rencontre lorsque l'enfant reste à jeun. Ces vomissements sont très particuliers, car ils laissent une haleine à l'odeur de pomme reinette. Le diagnostic peut être confirmé au niveau des urines à l'aide des bandelettes réactives à l'acétone ;

3. l'indigestion chez l'enfant qui a fait une surcharge en chocolat, bonbons, pâtisseries, glaces...

Le traitement de ces vomissements passe nécessairement par des règles hygiéno-diététiques. Au départ, il convient de suspendre les prises d'aliments solides que l'on remplacera par des boissons.

Toutefois, il ne faut pas donner de grandes quantités de liquide, car celles-ci seraient systématiquement vomies à nouveau. Commencez par donner à boire à la cuillère à café (1 cuillerée à la fois avec un grand intervalle de temps entre chaque prise). Si cela est bien toléré, on augmentera alors la fréquence, puis ensuite la quantité (une cuillerée à soupe, puis un fond de verre, puis un demi-verre, et enfin un verre complet).

Il existe, enfin, deux situations particulières :

— La sténose du pylore, malformation congénitale qui gêne l'assimilation, et ce dès la naissance. Le diagnostic est confirmé par examen radiologique. Le traitement est chirurgical.

— L'intolérance au lait — très rarement au lait maternel, mais plutôt aux laits artificiels ou surtout au lait de vache. L'avis de votre médecin est nécessaire pour déterminer le meilleur lait adapté à votre enfant. Lorsque vous aurez trouvé celui-ci, n'en changez plus.

Enfin pour l'avenir, vous saurez que votre enfant accepte mal le lait, et il faudra l'éduquer en conséquence. Le lait de vache étant allergisant pour certains, on constate qu'il suffit de le leur supprimer (sous toutes ses formes) pour que les troubles de santé (asthme, rhinite, eczéma...) disparaissent[1].

ANOREXIE — BOULIMIE

S'occuper d'un enfant, surtout lorsqu'il s'agit du premier, est tout un apprentissage délicat qui se fait surtout sur le terrain. Bien des mères inexpérimentées ont peur de mal faire ou veulent trop bien faire. Et ceci se remarque notamment pour les tétées.

---

1. Dr Kousmine, *op. cit.*, pp. 83 à 85.

Avec l'alimentation au sein, on craint toujours que l'enfant ne prenne pas assez, que le lait ne soit pas assez nourrissant... Très souvent on s'inquiète à tort, car les règles à respecter sont simples :

— L'enfant doit téter quand il le réclame. Lorsqu'un enfant a faim (mais aussi quand il s'est souillé), il se réveille et pleure. C'est sa façon à lui de réclamer. Très vite vous apprendrez à différencier les pleurs de la faim, de ceux qui signifient qu'il a besoin d'être changé.

Si *l'enfant dort, on respecte son sommeil,* même si c'est l'heure fixée pour une tétée. Sachez que, pendant son sommeil, l'enfant fabrique des hormones nécessaires à sa croissance. Dormir est donc pour lui aussi important que manger.

— Si l'enfant réclame trop souvent, c'est qu'il n'a sans doute pas assez mangé. Il faut alors vérifier si la mère a suffisamment de lait. Pour cela, les tire-lait permettent, notamment les premiers temps, de stimuler le sein et de récupérer une certaine quantité de lait qu'on peut éventuellement faire analyser[1]. Il arrive rarement que le lait de la mère ne soit pas assez nourrissant. Sachez qu'une alimentation appropriée aide à augmenter la sécrétion et favorise un lait de qualité. Pour un enfant rien ne remplace le lait de sa propre mère.

— Il faut peser très régulièrement l'enfant (en moyenne deux fois par semaine les deux premiers mois). Du moment qu'il se développe bien et grossit régulièrement, il n'y a pas à s'inquiéter. Il existe d'ailleurs dans le carnet de santé des tables de poids et de taille, qui vous indiquent les normes selon l'âge de l'enfant. Vous pourrez ainsi vérifier par vous-même la croissance de votre enfant et pressentir s'il sera un enfant menu, corpulent, pas trop grand ou de bonne taille.

Chez l'enfant nourri au biberon, on peut très facilement apprécier la quantité de lait absorbé à chaque tétée. Il suffit, en effet, de soustraire ce qui reste dans le biberon par rapport à la quantité du départ.

Mais là encore, bien des mères ayant entendu que l'enfant doit téter toutes les trois heures, et telle quantité à tel âge, s'acharnent à vouloir respecter ces normes. Certaines réveillent leur enfant. D'autres lui imposent de finir le biberon à tout prix, ou le limitent s'il réclame davantage.

— Votre enfant est unique. Il a des besoins propres. Il se peut qu'il ait un organisme qui assimile vite. Auquel cas il faudra lui donner plus et parfois plus souvent. A l'inverse, il peut assimiler plus

1. L'analyse du lait se fait obligatoirement sur un ensemble de plusieurs prélèvements. La qualité du lait varie, en effet, entre le début et la fin de la tétée, et d'une tétée à l'autre, selon l'alimentation de la mère.

lentement. Dans ce cas, ne le surchargez pas... vous le rendriez malade !

— Sachez analyser le comportement de votre enfant, et soyez accommodante. C'est à vous de vous adapter à lui, et non l'inverse.

Par trop de rigueur, vous pouvez dès la petite enfance créer un refus alimentaire et des blocages que l'on retrouvera plus tard.

Un enfant nourri au sein est souvent plus menu qu'un enfant nourri au biberon. Ne vous en étonnez pas. L'enfant joufflu n'est pas forcément celui qui est en meilleure santé. Ce peut même être un handicap, car c'est dans le très jeune âge que l'on constitue son capital de cellules adipeuses (celles qui stockent la graisse). Plus l'enfant aura de cellules adipeuses, plus il aura tendance, plus tard, à emmagasiner facilement de la graisse, donc à prendre un poids indésirable.

La perte d'appétit, l'anorexie

Il s'agit d'un refus de s'alimenter dont les causes sont diverses.

— Toute maladie de l'enfant, infectieuse en particulier, s'accompagne souvent d'une perte d'appétit. Cette perte d'appétit est sans gravité. Il faut même savoir la respecter. D'une certaine façon, l'organisme de l'enfant se met ainsi au repos. En cherchant à l'alimenter à tout prix, on ne fait que le surcharger et on le gêne dans sa lutte contre la maladie.

— Les modifications du comportement alimentaire. L'enfant refuse ce qu'on lui donne car il désire une autre alimentation. C'est la raison qui nous fait dire qu'il faut être souple en matière d'éducation. Vouloir forcer un enfant risque de le braquer et de créer très tôt chez lui une attitude de refus systématique. Mieux vaut un écart de temps en temps qu'un conflit qui s'installe. En revanche, si l'enfant vient à être fatigué ou malade, il faudra lui apprendre à faire le rapprochement entre son état et ses écarts alimentaires.

— L'envie de jouer. La prédominance des jeux sur les repas fait que l'enfant néglige de s'alimenter.

Dans ces différentes situations, on ne retrouve aucun retentissement ni sur le poids ni sur la taille. Tout rentre dans l'ordre rapidement, car la faim est conservée. L'enfant reste en bonne santé, et il n'y a aucune modification de son comportement vis-à-vis de l'entourage.

Par contre, il existe parfois des refus motivés — plus ou moins explicités. Attention à la puberté ! C'est souvent pour les jeunes filles l'occasion d'une anorexie mentale dont les causes, parmi d'autres, sont des préoccupations d'ordre esthétique.

Ce comportement traduit l'existence d'un conflit psychologique : complexe, trouble affectif.

Dans ce cas, on retrouve des troubles somatiques (chute de poids, ralentissement ou arrêt de la croissance) et des modifications du comportement psychologique (isolation, mutisme). Tout ceci doit conduire à une analyse fouillée de la situation familiale et du comportement, avec l'aide, si nécessaire, d'un psychologue.

La boulimie

On a ici le phénomène opposé à l'anorexie : le besoin permanent de manger. Au début, les parents se félicitent de ce comportement et l'encouragent.

Rarement, les boulimies sont la conséquence de troubles endocriniens (elles s'accompagnent alors d'un retard de croissance et nécessitent obligatoirement un bilan médical complet). La plupart du temps, elles ne sont rien d'autre qu'un *trouble du comportement* aux causes multiples :

— Les mauvaises habitudes alimentaires : Goût pour les aliments raffinés qui se digèrent trop vite, grignotage et consommation de friandises à toute heure et en tout genre : bonbons, chewing-gums, sodas, jus de fruits du commerce — ces derniers apportent jusqu'à 100 g de sucre raffiné par litre.

— Des besoins plus importants : Dans certaines situations, l'appétit peut être démesuré pendant une courte période, par exemple après une maladie infectieuse, qui souvent entraîne un amaigrissement, ou encore après un surmenage physique, une poussée de croissance.

— Une situation conflictuelle : Elle peut entraîner une carence affective. Pour l'enfant, l'aliment est lié inconsciemment à l'amour maternel. L'enfant en conflit compense ainsi par la nourriture le manque d'affection qu'il ressent. Plus tard, en tant qu'adulte, face à une situation difficile ou un échec, il aura tendance à se rabattre sur la nourriture pour dominer son anxiété ou sa déception.

Ainsi, anorexie et boulimie sont deux attitudes qu'il s'agit avant tout de bien comprendre. Ces changements du comportement alimentaire, s'ils sont durables et liés à des modifications du caractère, doivent amener les parents à une réflexion sur leur propre comportement. Les disputes, les scènes de violence, une séparation, le divorce marquent très tôt un enfant. En fait, tout conflit familial, qu'il soit flagrant ou larvé, est ressenti par l'enfant. Il a une incidence sur le comportement de celui-ci avec son animal favori (mimétisme), avec ses camarades et le reste de son entourage.

Perte d'appétit, boulimie, mais aussi caprices, agressivité, eczéma et même crise d'asthme ne sont souvent rien d'autre que des appels de détresse d'enfant mal dans sa peau, mal dans son milieu familial. Il est bon de s'inquiéter des faits auprès du médecin de l'enfant, mais il convient surtout — chose plus difficile — de savoir analyser la situation et d'y remédier.

DIARRHÉE ET CONSTIPATION

Les mères surveillent très bien les nourrissons ; toutefois, lorsque l'enfant commence à devenir autonome, elles ne vérifient plus toujours si l'enfant est allé correctement et régulièrement à la selle. Pourtant cette fonction est primordiale pour la santé, car c'est par l'intestin que nous assimilons les produits nutritifs pour le corps et que nous éliminons les déchets indésirables. Les selles, en effet, sont constituées d'éléments non assimilables. Lorsque l'exonération des matières fécales se fait mal, irrégulièrement, il en résulte une auto-intoxication. Cela s'explique par l'anatomo-physiologie de cet organe. L'intestin comprend deux parties :

— *L'intestin grêle :* c'est un tuyau d'environ 6 m de long chez l'adulte. Il prolonge, à la sortie de l'estomac, le duodénum, et se termine à la valvule iléo-cæcale, point de départ du gros intestin.

— *Le côlon ou gros intestin :* il mesure environ 2 m de long et se prolonge jusqu'à l'anus.

L'intestin grêle a pour fonction l'assimilation des éléments nutritifs contenus dans le bol alimentaire. Il est formé de replis, eux-mêmes tapissés de vilosités un peu comme un tissu éponge à bouclettes, ce qui en augmente la surface. Celle-ci est de 300 m^2 minimum (certains parlent de 600 m^2). Alors que la peau[1] de notre corps est formée de plusieurs couches de cellules qui nous protègent des agressions du monde extérieur, la muqueuse de l'intestin, elle, n'est formée que d'une seule couche cellulaire plus fine qu'une feuille de papier cigarette (25 millièmes de mm). C'est dire si cet intestin doit être étanche, car sa muqueuse est directement au contact du sang, qui vient puiser là les éléments nutritifs de l'organisme ; or, avec la nourriture, nous faisons pénétrer des agents infectieux dans notre intestin et ce pratiquement jusque dans le sang ! Pour se protéger correctement, notre corps renouvelle la paroi de l'intestin tous les deux jours.

Le côlon, lui, a pour fonction la réabsorption de tout ce qui peut

1. Qui représente seulement 2 m^2.

être de nouveau utilisable, dont l'eau. Il contient une flore bactérienne très importante (100 000 milliards de germes, pour moitié saprophyte, utile à l'organisme, pour moitié agressive ou pathogène). C'est notamment à partir de la flore saprophyte que notre côlon fabrique les vitamines B et la vitamine K.

Lorsqu'il y a un déséquilibre de fonctionnement (infection, constipation), la flore pathogène devient prépondérante. Elle a alors tendance à passer depuis le cœcum vers l'intestin grêle. Cet état s'accompagne de troubles tels que gaz, inflammation et douleurs intestinales (colites), alternance de diarrhée et constipation.

Cette flore agressive qui se trouve ainsi anormalement dans l'intestin grêle (qui ne contient pas de germes habituellement) s'auto-entretient lorsqu'il y a constipation ou/et consommation excessive de produits animaux ; consommation de produits raffinés, et/ou industriels (contenant des colorants, des agents de sapidité, des résidus de pesticides et autres produits chimiques).

Il est facile de concevoir que, lors de la filtration des produits nutritifs dans le sang, ces germes pourront passer d'autant plus facilement à travers la paroi intestinale que celle-ci n'est pas suffisamment étanche.

C'est pourquoi nous accordons tant d'importance à :

— la consommation quotidienne d'huiles de première pression à froid, riches en acides gras polyinsaturés (vitamine F) qui ont un rôle direct à jouer dans l'étanchéité des membranes ;

— l'exonération régulière quotidienne des matières et le recours aux lavements intestinaux, si la constipation s'installe. Un lavement pratiqué au début d'une maladie aiguë en abrège le cours ! En vidant ainsi l'intestin, on évite que les défenses immunitaires[1] ne se mobilisent en masse le long de la paroi intestinale, laissant sans défense les autres parties du corps (région ORL notamment).

Fait intéressant, on a pu constater que, selon le type d'aliment que l'on ingère en début du repas, le taux de globules blancs dans le sang se modifie ou non — l'absorption d'aliments crus ne change pas la formule sanguine, celle d'aliments cuits en début de repas, par contre, entraîne la montée massive des globules blancs dans le sang. Le corps réagit donc comme s'il s'agissait de faire face à une infection[2].

1. Globules blancs (voir chapitre sur les maladies infectieuses).

2. Voir les expériences du Pr Blanc, concernant le lait cru et le lait UHT, pp. 27-28.

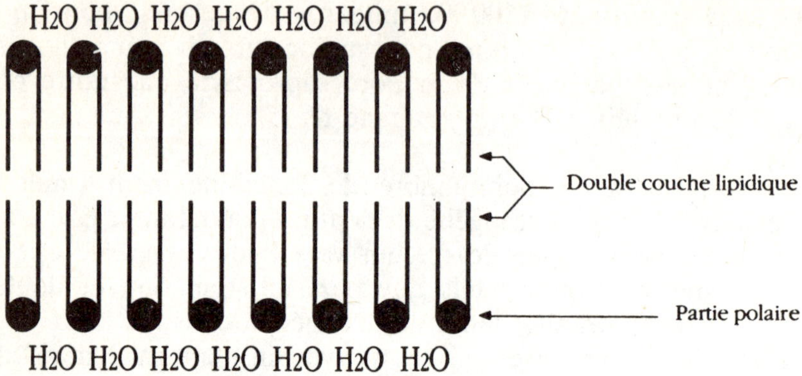

La membrane cellulaire organisée en double couche de phospholipides
(d'après Biochimie dynamique - *Éditions Doin).*

1. Villosités
2. Muscularis mucosae
3. Sous-muqueuse
4. Couche musculaire circul.
5. Couche musculaire longit.
6. Séreuse
7. Valvule connivente

- 800 à 900 valvules conniventes sur toute la longueur
- Hauteur 6 à 8 mm
- Largeur 2 mm
- Longueur 20 à 30 mm

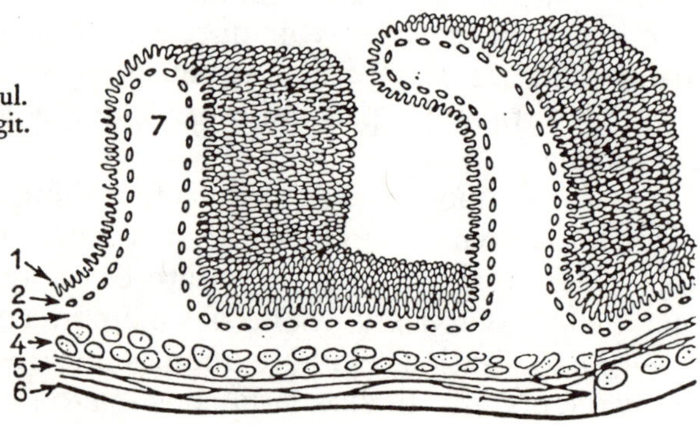

Détail de la paroi intestinale, de ses couches musculaires (4 et 5), de la sous-muqueuse (3), des valvules conniventes (7) et des villosités
Extrait de Physiologie de la digestion, *du Pr J.-J. Bernier.*

La constipation

La constipation se définit comme l'émission de selles dures et peu fréquentes.

Les deux paramètres sont à prendre en considération, car il ne suffit pas d'aller à la selle tous les jours pour ne pas être constipé. L'émission de selles dures, voire en *crottes de brebis,* difficilement expulsées, signe un état de constipation. Le bon sens populaire dit que la constipation fait le lit de toutes les maladies, ce qui n'étonnera pas quand on connaît l'importance d'un bon fonctionnement intestinal.

L'enfant nourri au sein n'est constipé que quand il n'est pas assez nourri. Il a normalement tendance à avoir des selles fréquentes et molles. S'il présente, néanmoins, un état de constipation, il faut penser à une carence en vitamine F chez la mère, donc dans le lait qu'elle donne à l'enfant. Souvent, on remarquera chez la mère une peau sèche, qui desquame, notamment au niveau des jambes, ce qui est un signe de manque de vitamine F, et parfois une constipation.

Pour traiter l'enfant, il faut traiter la mère. Le remplacement des huiles du commerce par des huiles de première pression à froid, l'apport supplémentaire éventuel d'huile d'onagre, en capsules, permettront de rétablir la situation. Quelques lavements évacuateurs pourront être utiles à la mère.

Dans la mesure où l'enfant ne présente pas de douleurs abdominales ni de vomissements, son état de constipation est lié à la qualité du lait que lui donne sa mère.

Par contre, l'enfant nourri au lait artificiel est très souvent constipé. Et pour cause : il consomme un aliment qui n'est pas « vivant » comme le lait maternel. Cela malgré toutes les prouesses de nos pharmaciens chimistes (l'adjonction d'acide linoléique aux laits maternisés, etc.).

Dans ces cas-là, il devient nécessaire d'avoir recours à de l'eau vivifiée[1] ; pour cela passer l'eau minérale dans une bouteille en verre incolore et la laisser vingt-quatre heures à la lumière, à l'extérieur, éventuellement y ajouter 2 à 3 gouttes de jus de citron frais. Il convient de sucrer le lait au lactose (mais cela augmente les fermentations, l'enfant aura des gaz). Il est possible de lutter contre la constipation de bébé par un apport d'huile de tournesol de première pression à froid, dans les biberons, à raison de 2 à 3 gouttes. On augmentera progressivement la quantité au fur et à mesure de la croissance.

Parfois les petits moyens permettent à l'enfant d'évacuer des selles dont le début est dur (appelées selles à bouchon). L'introduction du thermomètre dans l'anus peut suffire pour déclencher l'expulsion des matières.

Toutefois, en absence de douleurs abdominales et/ou de vomissements, il est aussi possible d'avoir recours au sirop de pomme reinette (Manceau) qui accélère le transit.

Enfin, on peut faire un petit lavement avec de l'eau bouillie (90 ml dans une poire pour bébé). Pour cela, la meilleure façon de

1. Dr Kousmine, *op. cit.*, p. 18.

procéder est de mettre l'enfant sur le dos et de lui tenir les pieds relevés, tandis qu'on lui introduit l'eau dans les intestins.

Si la constipation persiste, il sera nécessaire de prendre l'avis du médecin.

Ce problème de l'exonération des matières est très important, car il va régler bien des comportements ultérieurs.

La vie de l'enfant est jalonnée d'étapes importantes : la sortie des dents, l'apprentissage de la marche, l'acquisition du langage. Son développement psychologique passe par différentes étapes.

Durant la première partie de sa vie, l'enfant découvre le plaisir que procure la bouche. C'est le stade dit « oral » où il tète et porte tout à la bouche. Ensuite, il découvre le plaisir d'être propre et la possibilité de dominer ses excrétions (les matières fécales d'abord, les urines ensuite). C'est le stade « anal » où l'enfant apprend à contrôler ses sphincters, la période où il parle avec délectation du « pipi-caca ». Si l'enfant est épanoui, cette étape sera franchie sans difficulté. Les selles que l'enfant dépose dans son pot, c'est un peu un cadeau qu'il offre à ses parents. Par contre, si un conflit existe, la constipation ou plus tard l'énurésie (pipi au lit) pourra s'installer. Il faudra donc, nécessairement, pour comprendre un problème de constipation ou d'énurésie prendre en compte les relations avec tout l'entourage (parents, frère, sœur, grands-parents...).

On ne peut considérer les problèmes d'équilibre alimentaire sans se soucier des facteurs psychologiques affectifs et relationnels et ce n'est pas sans raison que Bouddha à qui l'on demandait : « Qu'est-ce qu'un sage ? » aurait répondu : « C'est quelqu'un dont l'intestin fonctionne correctement. »

La diarrhée

La diarrhée est un symptôme fréquent chez le nourrisson et le petit enfant. Elle se définit comme l'expulsion plusieurs fois par jour de selles molles, mal moulées ou même totalement liquides.

Le plus souvent la diarrhée se traite avec des moyens hygiéno-diététiques simples. Si cet état persiste, on y ajoutera, après avis médical, les médicaments appropriés.

Habituellement banale et sans conséquence, la diarrhée n'est inquiétante que si elle se prolonge sur plusieurs selles. Le nourrisson, notamment, demandera une surveillance particulière car il est plus fragile. Il faut craindre chez lui la survenue d'une déshydratation toujours redoutée (voir paragraphe sur la fièvre).

L'enfant nourri au sein a naturellement plusieurs selles par jour (de trois à six, parfois, les premiers mois). Elles ont une consistance plus molle que celles d'un adulte. C'est dire, encore une fois, l'importance d'une saine alimentation de la mère, pour l'enfant.

Ces selles sont habituellement jaune d'or. Au contact de l'air, elles peuvent se colorer en vert. Elles n'ont pratiquement pas d'odeur. Donc chez l'enfant nourri au sein il n'y a pas, en principe, à s'inquiéter de la consistance des selles. La survenue d'une diarrhée doit faire évoquer, *a priori,* un écart alimentaire de la maman ou une infection qui a été transmise à l'enfant par le lait maternel. C'est pourquoi tout problème infectieux qui survient chez l'enfant nourri au sein justifie un interrogatoire et un examen clinique de la maman en plus de celui de l'enfant.

Chez l'enfant nourri au lait artificiel, la survenue d'une diarrhée réclame la plus grande vigilance. Elle doit faire rechercher systématiquement une infection (ORL le plus souvent).

Cela impose la prise de la température plusieurs fois par jour et un examen médical complet (nez, gorge, oreilles, appareil digestif).

En ces temps de pollution, attention aux eaux. Les eaux de ville contiennent des quantités non négligeables de produits chimiques (exemple des nitrates durant l'hiver 90 en France). Les eaux minérales ne sont pas toujours exemptes de reproches. Et pour cause ! La pollution n'a pas pour habitude de faire la distinction entre une eau de source et une eau de ville. De plus, le conditionnement des eaux minérales en bouteilles de plastique et leur stockage dans des lieux souvent très exposés au soleil peuvent favoriser un développement microbien et rendre ces eaux impropres à la consommation. C'est pourquoi nous vous recommandons de rechercher des eaux minérales en bouteilles de verre autant que possible ou de la vivifier.

La première règle à observer en cas de diarrhée est l'arrêt des laitages et leur remplacement par des produits de substitution chez le tout-petit (par exemple HN 25).

Une fois la diarrhée disparue, on réintroduira progressivement le lait.

Chez l'enfant plus grand, il faut toujours supprimer les laitages et aussi réduire les apports de sucre. En été, diminuer, voire supprimer, les fruits car ils peuvent être eux-mêmes responsables de la diarrhée. Ne pas oublier de toujours laver les fruits avant de les consommer. Les moyens de culture actuels utilisent, en effet, des quantités colossales de produits chimiques (on nous a signalé jusqu'à 14 traitements pour la pomme qui serait l'un des fruits les moins traités !).

Pendant la diarrhée, l'alimentation se fera à base de carottes et de riz blanc, de pommes crues et de gelée de coings. L'eau de cuisson du riz sera récupérée et donnée à boire plusieurs fois par jour.

La plupart des diarrhées (et notamment celles qui sont d'origine virale) se traitent avec ces petits moyens. Si la diarrhée se prolonge ou même devient cholériforme (avec coliques et selles putrides), il faut demander un avis médical sans délai, et pratiquer un examen des selles avec recherche de germes et antibiogramme. Le nourrisson fera l'objet d'une surveillance particulière. Chez lui, il est très important de déceler la moindre perte de poids car cela doit faire craindre une déshydratation et peut conduire à décider une hospitalisation.

LES ÉRUPTIONS

La peau d'un bébé est fragile. Elle sera facilement sujette aux éruptions de boutons de toute sorte : les boutons de chaleur, provoqués par la transpiration, au niveau de la nuque, du cou, du thorax ; les éruptions et irritations entre les fesses et aux plis de l'aine, favorisées par la présence de selles et d'urines au contact de la peau dans les couches.

Tout cela est bien banal, et se traite par quelques mesures d'hygiène (poudre Fissan) plus que par des pommades.

Plus inquiétantes sont les éruptions d'origine infectieuse (impétigo) et l'eczéma. Notamment dans l'impétigo à staphylocoques ou streptocoques, des vésicules se forment dont la sérosité est très contagieuse. L'enfant en se grattant propage l'éruption.

L'eczéma est une éruption prurigineuse de la peau, sans vésicule (eczéma sec) ou avec vésicules (eczéma suintant). Son origine est mal connue (carence en vitamine F). On sait qu'il existe des causes allergiques et hépatiques[1], mais aussi des causes psychiques souvent difficiles à cerner.

Toujours est-il que, pour nous, il est une priorité à traiter lorsqu'il existe un problème de peau : c'est le couple intestin-foie. L'aspect de la peau est un reflet de l'état intérieur du corps, et avant tout du sang. Si le sang véhicule des toxines parce que l'intestin et le foie fonctionnent mal (voir chapitre des maladies infectieuses), il cherche un moyen de se débarrasser de ce qui l'encombre et la porte de sortie toute trouvée est la peau.

Aussi, loin de considérer un problème de peau comme une affection locale à traiter ponctuellement avec des pommades, il faut comprendre que ce qui sort de la peau soulage l'organisme (théorie des homéopathes, appelée « psore ») et qu'il est important dans une

1. Le foie est toujours concerné dans les problèmes allergiques. Voir *Votre alimentation selon l'enseignement du Dr Kousmine*, pp. 53 à 56.

telle situation de traiter non seulement la peau, mais encore et surtout le couple intestin-foie. Si l'on ne procède pas ainsi, on assiste presque toujours à des « déviations morbides », c'est-à-dire à des déplacements de maladies qui font par exemple qu'une sinusite que l'on a bloquée se transforme en leucorrhée, qu'une éruption se trouve remplacée par une diarrhée, ou encore qu'un asthme s'installe fréquemment après un eczéma rentré !

LA FIÈVRE

La température normale du corps humain, même chez l'enfant, se situe à 37°, plus ou moins 0,4 ou 0,5° selon le moment du jour. Plus basse le matin après le repos de la nuit, elle dépasse les 37° le soir après l'agitation de la journée.

On considère que l'enfant présente de la fièvre s'il a plus de 37,5°. Pour ne pas commettre d'erreur, il convient, s'il est agité, de le laisser au repos une dizaine de minutes avant de contrôler sa température.

En général, la fièvre traduit la présence d'une infection. L'organisme fait monter sa température interne pour lutter contre le développement d'agents infectieux. La fièvre est un moyen de freiner, voire d'empêcher, la propagation d'une infection en créant des conditions défavorables aux agents provocateurs.

En ce sens, la fièvre est *utile*. Elle indique l'existence d'un état infectieux, mais constitue par elle-même une défense. Par conséquent, il est important de ne pas chercher à la faire baisser à tout prix.

Les causes les plus fréquentes sont :

— *Les infections du nez, de la gorge et des oreilles*. Rhume, pharyngite, rhinopharyngite, angine, otite, sinusite. Ces infections sont bénignes et se traitent sans problème. Si elles se répètent ou se succèdent sans arrêt, on devra penser à une faiblesse des défenses immunitaires et on envisagera un traitement en conséquence.

— *Les problèmes dentaires*. Chez le tout-petit, il peut s'agir du « doublement des gencives » du 3e au 6e mois, ou des poussées dentaires parfois dès le 6e mois (voir paragraphe concernant les dents). Chez le plus grand, il faut rechercher d'éventuelles caries ou abcès dentaires qu'on fera traiter.

— *Les infections urinaires*. Il arrive parfois que l'on ne trouve aucun signe de maladie apparente. Il faut, surtout s'il existe des problèmes de constipation, penser à une infection urinaire. Un prélèvement d'urine[1] permettra de faire faire un « examen cytobacté-

1. Il existe pour cela en pharmacie de petites poches autocollantes permettant de recueillir les urines du bébé.

riologique avec culture de germes » et, si nécessaire, un antibiogramme (ou aromatogramme pour ceux qui ne veulent pas utiliser systématiquement les antibiotiques).

— *Les maladies infectieuses en phase d'incubation.*

— *Des causes non infectieuses :* une pièce trop chauffée ; des vêtements trop chauds ; une exposition inconsidérée au soleil (insolation). Tout cela peut aboutir à une *déshydratation* d'autant plus grave que l'enfant est plus jeune. Le nouveau-né est très sensible aux écarts de température, car il a un système nerveux peu développé et très fragile ; il faut découvrir l'enfant et le faire boire souvent !

Fièvre, somnolence, parfois accompagnées de vomissements et même de diarrhées, doivent sans délai amener l'enfant chez le médecin. Ce dernier peut avoir à décider de l'hospitalisation de l'enfant.

Contrairement aux idées reçues, une *insolation* peut survenir très rapidement, en quelques minutes d'exposition, et non après des heures comme on le croit trop souvent. L'organisme est d'autant plus sensible qu'il est fatigué et peu habitué au soleil. C'est pourquoi les enfants sur les plages devraient systématiquement porter une coiffure, spécialement ceux qui résident habituellement dans des régions peu ensoleillées[1].

— *La poussée de croissance :* il peut arriver que l'enfant présente durant quelques heures (au maximum vingt-quatre heures) une poussée de température, sans retentissement sur l'état général et sans suite. On l'attribue volontiers à une poussée de croissance.

La fièvre est un symptôme fréquent chez l'enfant. Il faut donc apprendre à la « respecter » et à la surveiller sans accabler systématiquement l'enfant de remèdes au moindre accès de température. Pas de panique ! Votre propre angoisse finirait par se communiquer à votre enfant !

• *Jusqu'à 38° :* sachez observer le comportement de l'enfant. Contrôlez et notez régulièrement sa température. Cela permettra, si besoin en était, de renseigner correctement votre médecin. La température d'un enfant peut monter rapidement, mais revient tout aussi vite à la normale.

• *Entre 38° et 38,5°/39° :* utilisez des moyens simples, tels que des médicaments homéopathiques ; baignez l'enfant 10 à 15 minutes dans un bain dont l'eau est à 2° en dessous de sa température ; un petit

1. Les casquettes ne protègent pas suffisamment la nuque. L'idéal est le petit bob en toile blanche ou le chapeau de paille.

lavement intestinal (en l'absence de douleurs abdominales) sera d'autant plus utile, si l'enfant n'est pas allé à la selle depuis la veille.

Chez le tout-petit on utilise de l'eau bouillie tiédie (33° à 35° maximum) que l'on administre avec une petite poire (100 cc).

Au-delà de deux ans, on peut utiliser la poire à lavement de 250 cc.

Le lavement intestinal provoque souvent à lui seul une baisse de 1° de la température, et aide à décongestionner le foie.

• *Au-delà de 38°5-39°,* il faut recourir au Céphyl, à l'Aspirine, ou au paracétamol, et faire appel au médecin.

Lors d'une brusque montée de la température, au-delà de 40°, il y a risque de convulsions chez le petit entre 6 mois et 2 ans, avec une courte période de perte de connaissance, les yeux révulsés et des secousses du visage et des membres.

Toutefois, cet état est généralement sans suite. Il nécessite un avis médical et un traitement approprié. Toute nouvelle poussée de fièvre sera, en conséquence, traitée préventivement.

DOULEURS DENTAIRES

Le développement de l'enfant est caractérisé par la croissance du poids et de la taille, la sortie des dents, l'apprentissage de la marche et l'acquisition du langage.

Il n'est pas possible lors d'un tel bouleversement physique et psychique que tout se passe en même temps. Certains enfants sortiront les dents plus tôt que les autres, mais acquerront la marche, le langage plus tard. Pour d'autres ce sera l'inverse. Il n'y a là rien d'anormal. Les âges qui vous sont communiqués ne le sont qu'à titre indicatif.

La période des poussées dentaires est toujours un moment pénible pour l'enfant qui souffre et... pour les parents qui veillent ! Les premières manifestations peuvent survenir entre 3 et 6 mois, avec ce que l'on a coutume d'appeler « le doublement des gencives ». L'enfant est grognon, porte tout à la bouche. En fait, la première dent percera à partir du 6ᵉ ou du 7ᵉ mois et, entre ce moment et l'âge de 30 mois, l'enfant aura sorti ses vingt dents de lait.

Les dents percent suivant un ordre précis. En principe apparaissent d'abord les incisives inférieures centrales, puis les supérieures. Dans un deuxième temps, généralement, entre 6 et 12 mois, sortiront les deux incisives latérales supérieures d'abord, inférieures ensuite.

Entre 12 et 18 mois, ce sera le tour des quatre prémolaires.

Puis, durant la deuxième année, les quatre canines viendront s'intercaler. Cet ordre dans l'apparition des dents a fait prétendre à certains que si les canines — qui servent à déchirer la viande — apparaissent si tard, c'est que l'enfant ne devrait pas manger de viande avant cette époque.

Chaque poussée dentaire s'accompagne généralement de fièvre associée souvent à des désordres intestinaux. L'enfant est agité, grognon, capricieux, même. Il réclame les jouets avec insistance, pour les jeter dès qu'on les lui a donnés. Il pleure surtout durant la première partie de la nuit, mais se calme à partir du moment où on le berce. C'est la période des cent pas dans la chambre, l'enfant dans les bras. Certains pères sont des spécialistes des promenades nocturnes en voiture : trois tours du pâté de maisons et voilà notre petit diable endormi !

Lors de poussées dentaires, l'enfant est fiévreux, avec une joue pâle et une joue rouge, du côté où sort la dent. Le tout s'accompagne généralement de selles diarrhéiques verdâtres.

Pour les parents habitués à l'homéopathie, cet état appelle un remède : *Chamomilla* — la camomille qui réglera très rapidement ces problèmes. C'est le moyen de découvrir l'intérêt et l'efficacité de l'homéopathie.

Chamomilla 9 CH doit être donné tous les soirs durant cette période. Pour cela, on mettra à fondre dans un biberon 5 granules avec une cuillerée à café d'eau minérale (de préférence Mont-Roucous, ou Volvic).

Le tout petit enfant accepte très bien les remèdes homéopathiques. Il faut mettre peu d'eau pour être sûr que l'enfant absorbe la totalité du remède. D'autre part, cela évite, s'il est nécessaire de répéter les prises, que l'enfant ne s'y refuse parce qu'il n'a pas soif.

Chamomilla est un remède sans aucun danger et très efficace. Si le médicament n'agit pas suffisamment, vous êtes autorisée à l'utiliser en 15 CH, mais une seule fois par jour.

Passé la période des poussées dentaires, il faudra surveiller vous-même, régulièrement, l'état des dents de votre enfant. En effet, la carie survient à tout âge, et d'autant plus tôt que l'enfant consomme du sucre raffiné (bonbons, friandises...). Nous avons déjà insisté sur les inconvénients, pour ne pas dire les dangers, du sucre blanc. C'est la raison pour laquelle les parents doivent faire la chasse au sucre blanc ! Tous les dentifrices et additifs au fluor ne seront jamais aussi efficaces que la suppression du sucre blanc raffiné. Un pédiatre suisse, le Dr Max-Henri Béguin, a consacré sa vie à démontrer cette vérité. Il a fait pendant plus de trente ans, de la ville de La Chaux-de-Fonds, un véritable laboratoire d'expérimentation et il a réussi à convaincre les autorités et les parents de n'utiliser que des aliments naturels non raffinés (céréales, farines et pains complets, sucre intégral).

Les résultats obtenus sont éloquents : près de 10 000 examens ont été faits sur 3 517 sujets âgés de deux ans à vingt ans. Il ressort de cette étude qu'il y a un rapport mathématique direct entre la quantité de sucre raffiné consommée et le nombre de dents cariées !!!

Les enfants n'ayant consommé que des produits raffinés ont en moyenne 4,7 dents cariées et ceux qui n'ont eu recours qu'à des produits naturels complets seulement 0,06, soit 78 fois moins !!!

Cela confirme, si besoin était, l'importance d'une saine alimentation. Donnez de bonnes habitudes à votre enfant dès le plus jeune âge. C'est tout d'abord plus facile pour vous... et pour lui c'est un gage de santé.

Pour toutes ces raisons, nous sommes réservés quant à la consommation systématique des comprimés au fluor. Cet élément est toxique et peut faire apparaître d'autres désordres de santé. Nous pensons qu'il est bien plus judicieux de supprimer tout simplement le sucre blanc.

Si les mauvaises habitudes sont déjà prises, tâchez de réagir en supprimant les sucreries en dehors des repas et encore plus le bonbon du soir, le plus nocif. Apprenez à votre enfant, dès que cela est possible, à se brosser les dents régulièrement et systématiquement après chaque prise de bonbon — cela créera un réflexe qui l'obligera à penser à ses dents.

LES SOINS : LE DENTISTE ET L'OSTÉOPATHE

Il vaut toujours mieux prévenir que guérir. Le brossage dentaire est l'une des premières habitudes à donner à l'enfant. De même que l'on insiste pour qu'il se lave les mains avant de se mettre à table, il est important de l'habituer à se brosser les dents dès qu'il est en âge de comprendre et de le faire seul.

Le meilleur moyen étant l'exemple, les parents lui montreront qu'ils font ainsi tous les soirs et tous les matins. On lui achètera une brosse adaptée à son âge et un tube de pâte dentifrice pour son usage personnel. Ainsi l'enfant se sentira valorisé et non puni, l'acte sera accompli de plein gré, non comme un pensum.

Mais toutes ces bonnes habitudes ne dispensent nullement de faire faire par un dentiste un examen régulier des dents au moins deux fois l'an. Il faut comprendre que celui-ci n'a pas seulement pour vocation de traiter les caries dentaires et d'arracher les dents en mauvais état, il a aussi pour mission de prévenir et de corriger les malpositions dentaires, actuellement de plus en plus fréquentes.

L'orthodontiste placera un appareil pour redresser les dents. Cette pose nécessite une surveillance de la statique, tout au long de la colonne vertébrale.

L'apparition d'une scoliose devra prendre en compte non seulement l'équilibre du bassin et la bonne mobilité du crâne, mais avant tout l'articulation temporo-mandibulaire (ATM). En effet par la mastication et la déglutition, nous sollicitons environ 2500 fois par jour cette articulation. Cela entraîne, sur les os, les muscles et les tendons, des tensions qui favorisent ces désordres en chaîne.

Il faut savoir qu'un décalage de 1 mm entre le maxillaire supérieur et le maxillaire inférieur d'un côté de la mâchoire se traduit par une scoliose avec 1 cm de différence de longueur au niveau des talons !

Après une chute sur la tête (mais aussi après une chute sur les fesses, qui peut entraîner un déplacement du sacrum) il faut faire vérifier la mobilité du crâne, la bonne position du sacrum et du bassin, et l'absence de tensions le long de la colonne vertébrale. En effet, un choc sur la tête peut provoquer des troubles à distance : déséquilibre du bassin, raccourcissement d'un membre, troubles de la vue...

Enfin, l'enfant peut présenter des caries. Des soins dentaires sont alors nécessaires. Il serait souhaitable d'éviter de poser des amalgames (plombages). Des travaux américains de plus en plus nombreux signalent que la mise en bouche d'alliages contenant du mercure entraîne une diffusion des métaux constitutifs par la salive. Le seul métal vraiment neutre et stable est l'or. Des ciments, bien que moins solides, peuvent convenir. Il faudra alors les faire vérifier tous les trois à six mois. Bien souvent on a tendance à considérer que les premières dents ne sont pas importantes, c'est une erreur. Ne négligez pas les dents de lait, elles préparent la sortie des dents définitives qui s'implanteront d'autant mieux qu'on aura évité des traumatismes de la face (dents cassées, luxées...).

Homéopathie : Tout traumatisme sur les dents ou ailleurs appelle *Arnica* 5 CH, 3 granules 3 fois par jour.

Un beau sourire est une précieuse carte de visite, mais il ne peut exister sans une belle denture. Pensez-y avant qu'il ne soit trop tard ! Soyez vigilants avec les dents de vos enfants.

Les maladies infectieuses

C'est le lot de tous les parents d'être confrontés aux maladies infectieuses. Personne n'y échappe. Cependant, certains enfants

« attrapent tout ce qui passe » alors que d'autres ne sont pratiquement jamais malades. Ce fait est en rapport avec la façon dont la mère s'est nourrie pendant la grossesse. Il y a là une question de fragilité personnelle, en rapport avec la fonction immunitaire qui assure la défense de l'organisme. Celle-ci repose sur trois éléments qui sont : les prostaglandines ; les globules blancs ; les immunoglobulines.

• *Les prostaglandines :* Il s'agit d'hormones cellulaires à la vie très courte (moins de cinq minutes). Elles dérivent d'acides gras polyinsaturés[1] contenus dans la membrane des cellules qui toutes en produisent (excepté les globules rouges).

Ces hormones jouent le rôle de messagers aussi bien entre la membrane d'une cellule et son noyau qu'entre différentes cellules de l'organisme.

Leur rôle s'apparente à celui des vigiles que l'on rencontre par exemple dans les parkings. Leur présence suffit, parfois, à neutraliser les petits délinquants. Lorsque cela ne suffit pas, on fait appel aux forces de police. C'est le recours aux globules blancs et aux immunoglobulines dont l'action est complémentaire.

Il existe plusieurs types de prostaglandines (PG) que l'on nomme d'une lettre de A à H, selon leur formule propre, et d'un chiffre 1, 2 ou 3, selon l'acide gras dont elles dérivent.

— Les prostaglandines 1 sont fabriquées à partir de l'acide linoléique ;

— les prostaglandines 2, à partir de l'acide arachidonique ;

— les prostaglandines 3, à partir de l'acide eicosa-pentaénoïque, que l'on trouve dans les poissons des mers froides.

Selon les connaissances actuelles, les prostaglandines 1 et 3 ont des actions similaires qui s'opposent à celles des prostaglandines 2. Mais beaucoup de choses restent encore à préciser dans ce domaine, car il s'agit de découvertes récentes[2].

Parmi toutes les molécules de prostaglandines, il existe le groupe des prostaglandines E dites « PG E ». Elles interviennent dans le processus de lutte contre l'inflammation et l'infection. Cela permet de comprendre l'importance pour l'organisme des acides gras polyinsaturés. En effet, lorsqu'une cellule est attaquée, la membrane cellulaire libère la PG E2, qui a pour fonction d'entraîner :

1. Ces acides gras essentiels que le corps ne peut fabriquer sont fournis par l'alimentation.

2. S. Bergstrom, B. Samuelson et J. Vane ont obtenu le prix Nobel de physiologie et de médecine, en 1982, pour leur travail sur les prostaglandines.

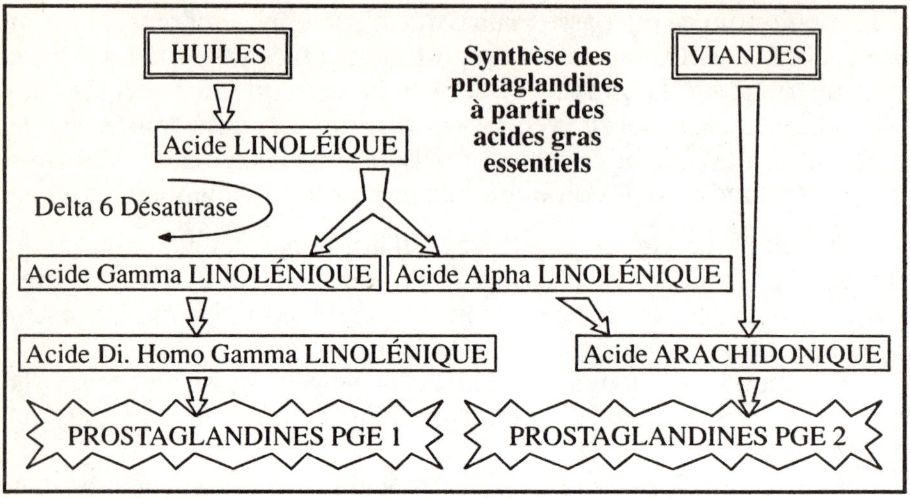

— la dilatation des vaisseaux, permettant un meilleur afflux du sang, donc des globules blancs, des plaquettes sanguines... ;

— éventuellement une poussée thermique secondaire qui explique la fièvre ;

— une activation des fibres nerveuses locales, qui est responsable de la douleur.

Mais, dès que l'attaque est enrayée, il devient alors nécessaire d'éviter que cette PG E2 continue d'être fabriquée. L'organisme libère alors de la PG E1 qui a une action antagoniste de la PG E2. Notre corps contrôle ainsi, un peu comme avec un accélérateur et un frein, les moyens de lutte qu'il mobilise lorsqu'il est attaqué.

Catherine Kousmine, dans une métaphore pittoresque, qualifie la PG E2 de « prostaglandine de guerre » — puisque c'est celle qui déclenche les processus de défense — et la PG E2 de « prostaglandine de paix ».

Pour comprendre toute l'importance de cet équilibre subtil, il faut savoir que les PG E2, qui dérivent de l'acide arachidonique, ne font jamais défaut dans le corps. En effet, elles s'obtiennent par la transformation de l'acide linoléique en acide arachidonique et cela encore plus facilement avec une alimentation carnée. Par contre, la série 1 ne peut être obtenue qu'à partir des acides gras essentiels, fournis par les huiles vierges de première pression à froid, apportant l'acide linoléique[1] (voir schéma).

1. Encore faut-il ensuite qu'un enzyme soit présent, la △6 désaturase, ainsi que des activateurs tels le zinc, le magnésium, la vitamine B6. En l'absence de ces éléments, la réaction de transformation en acide linoléique ne peut se faire. Le

Il en résulte qu'un organisme privé d'apport d'acide linoléique ne peut fabriquer de prostaglandines de type 1. D'où un déséquilibre immunitaire que Catherine Kousmine divise en cinq grands types :

— l'immunité déficiente que l'on rencontre chez les sujets perpétuellement malades (très souvent des enfants) ;

— l'immunité exubérante qui correspond à une tendance à l'emballement des défenses immunitaires dont la réponse est disproportionnée à l'agression (pollen déclenchant une crise d'asthme, par exemple) ;

— l'immunité perverse où l'organisme cherche à enkyster les éléments qui le gênent (tumeurs) ;

— l'immunité aberrante quand l'organisme, ne distinguant plus ses propres tissus de ce qui lui est étranger, s'acharne à se détruire lui-même (myopathie, sclérose en plaques...) ;

— l'immunité perdue ou sida où le système immunitaire n'a plus aucune réaction.

Ainsi comprise, la maladie n'apparaît plus comme une fatalité mais bien comme la conclusion logique d'un déséquilibre de vie dû par exemple au surmenage, au stress mais aussi et toujours à un facteur alimentaire.

C'est dire l'importance d'un apport suffisant en acides gras essentiels et l'intérêt qu'il y a à consommer des huiles de première pression à froid d'excellente qualité.

• *Les leucocytes ou globules blancs :* Ils sont appelés ainsi parce qu'ils ne contiennent pas d'hémoglobine, pigment qui colore les globules rouges. Ils se divisent en trois groupes distincts, qui ont des fonctions particulières :

— Les polynucléaires, cellules avec un noyau difforme qui donne à penser qu'il en existe plusieurs (d'où son nom). Il existe plusieurs types de polynucléaires, que l'on désigne selon leur affinité aux colorants (neutrophile, basophile, éosinophile). Ils ont pour rôle de capturer les substances ou les cellules étrangères à l'organisme et de les détruire par intégration (phagocytose). Ce sont eux aussi qui éliminent les cellules abîmées ou dénaturées, devenues indésirables.

Les éosinophiles interviennent plus précisément dans les phénomènes allergiques.

— Les monocytes, cellules à un seul noyau, ont un rôle de

---

système est bloqué. Il faut aussi savoir que l'alcool, le tabac, les huiles chauffées et raffinées, les graisses végétales et margarines, la sénescence sont des éléments qui freinent cette réaction.

phagocytose comme les polynucléaires mais interviennent également comme stimulateurs des lymphocytes.

— Les lymphocytes sont responsables des phénomènes de détection des substances étrangères et de la fabrication des anticorps. Ils possèdent ce que l'on appelle une mémoire immunitaire, c'est-à-dire qu'ils sont capables de reconnaître un agent agresseur lorsqu'ils sont mis à nouveau en sa présence, et de libérer les anticorps susceptibles de le détruire. Ce sont eux que l'on essaie de programmer par l'intermédiaire des vaccinations.

• *Les anticorps,* encore appelés immunoglobulines ou gammaglobulines, sont des protéines qui circulent dans le sang. Ce sont elles qui ont pour fonction la neutralisation des substances ou cellules étrangères, permettant ainsi la phagocytose par les polynucléaires.

Après ces explications, on conçoit très bien que l'immunité d'un enfant va dépendre de beaucoup de facteurs. Mais il est indispensable pour que le système puisse se mettre en route que le corps dispose d'un apport alimentaire suffisant en acides gras essentiels, fourni par les huiles de première pression à froid.

D'autre part, compte tenu du rôle qu'exercent ces corps gras dans l'étanchéité des membranes cellulaires, il est tout aussi indispensable d'entretenir une bonne hygiène intestinale avec élimination quotidienne (les selles ne doivent pas être putrides). Dans le cas contraire, une partie des défenses immunitaires de l'organisme sera bloquée au niveau de l'intestin, zone de pénétration infectieuse par excellence. La flore intestinale (100 000 milliards de germes) a alors tendance à remonter au-delà du côlon, vers l'intestin grêle, et à s'y propager (alors qu'elle ne devrait pas s'y trouver). Cela explique pourquoi nous insistons tant sur l'hygiène intestinale et la pratique des lavements évacuateurs lors des infections, car, dans tous les cas, l'intestin, directement ou indirectement, est en cause et mobilise une grande partie des défenses immunitaires.

En fait la santé peut se concevoir comme un état d'équilibre entre deux forces qui s'opposent : d'une part, les défenses immunitaires, soit le milieu intérieur ; d'autrc part, tout ce qui nous entoure, soit le milieu extérieur.

Tant que le rapport de forces permet au milieu intérieur de résister au milieu extérieur, la santé est préservée. Lorsque les agents infectieux de l'extérieur prennent le pas sur les défenses immunitaires de l'intérieur, la maladie s'installe.

Lorsque le traitement — comme c'est le cas avec les antibiotiques — consiste à neutraliser les agents infectieux, il diminue l'agressivité

Sauce yaourt coco-menthe

Filet de sole aux pêches

Œuf au nid

Huîtres chaudes

Repas complet à base de poisson

Foie de veau aux raisins

Salade de chou-fleur sauce orange

Crème de carotte

du milieu extérieur. Cependant si, en même temps, rien n'est fait pour soutenir les défenses immunitaires, le déséquilibre qui existait entre les deux forces en présence va se recréer ; après le traitement, peu à peu, le milieu extérieur retrouve sa virulence. La situation redevient identique à celle de départ : c'est la rechute !

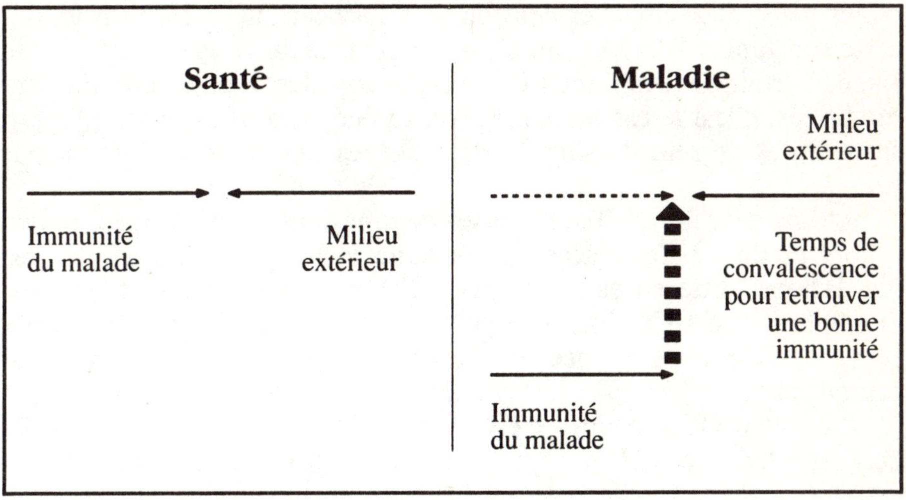

Vaccinations : oui ou non ?

La vaccination soulève bien des polémiques : certains sont inconditionnellement pour, d'autres sont férocement contre.

Le principe de la vaccination, qui valut leur gloire à Jenner et à Pasteur, consiste à introduire intentionnellement dans l'organisme un agent infectieux (bacille, virus ou bactérie) rendu inoffensif et de permettre ainsi la mise en place de systèmes de défense face à cet hôte indésirable. Mise au point pour lutter contre la rage, la vaccination est devenue, de nos jours, une pratique très répandue. On vaccine contre le tétanos, la variole, la diphtérie, la typhoïde, la paratyphoïde, la poliomyélite, la coqueluche, le choléra, la fièvre jaune, la tuberculose (BCG), l'hépatite, la grippe, la méningite, la rougeole, les oreillons, la rubéole...

On peut alors se poser très justement la question : comment l'organisme réagit-il face à tant de sollicitations ? Ne risque-t-il pas de se fragiliser alors que le but recherché est précisément l'inverse ?

Toute vaccination est un acte médical important, qui engage la responsabilité morale et légale du médecin. C'est pourquoi il s'accompagne de la délivrance d'un certificat médical qui précise la nature du vaccin, la date de la vaccination et ses résultats éventuels.

Il peut exister parfois des réactions vaccinales : intolérance ou hypersensibilité à l'agent infectieux lui-même ou, plus sournois encore, car totalement imprévisible, au milieu de culture sur lequel a été préparé le vaccin. Par exemple, les vaccins préparés sur blanc d'œuf peuvent déclencher des allergies chez certains sujets sensibles à cette substance. De plus, depuis la découverte du virus du sida chez le singe, certaines techniques de préparation des vaccins ont dû être modifiées. C'est le cas du vaccin contre l'hépatite B, préparé d'abord sur cellules de rein de singe, justement, et obtenu actuellement par synthèse.

Alors que faire ? Tout refuser comme font certains et se mettre « hors la loi » ? Tout accepter puisque la loi y oblige ? Hélas, les législations, différentes d'un pays à l'autre, nous mettent bien dans l'embarras. Le BCG, par exemple, n'est obligatoire que dans deux pays ; l'URSS et la France, et c'est le vaccin qui soulève le plus de critiques !

A notre avis, le mieux est d'adopter une attitude raisonnable, accepter les vaccinations qui semblent indispensables, refuser les autres.

Les vaccinations antitétanique et antipoliomyélitique sont à faire en priorité. Bien supportés et non allergisants, ces vaccins sont précieux face à des maladies terriblement invalidantes, voire mortelles dans le cas du tétanos.

Le vaccin antivariolique (ou son rappel) n'est plus obligatoire ni même utile dans la mesure où la maladie a pratiquement disparu de la surface de la planète. L'amélioration de l'hygiène doit avoir joué un plus grand rôle que le vaccin dans l'éradication du fléau.

On n'est jamais assez prudent. Évitez les vaccins préparés à partir de bactéries ou de virus vivants « atténués ». Vous introduisez dans le corps un agent infectieux, en principe rendu inoffensif, mais dans ce domaine il est préférable de laisser aux autres le soin de vérifier l'inocuité de ces produits.

Les vaccins vivants « atténués » sont :

— le vaccin bactérien BCG ;

— les vaccins viraux contre la poliomyélite (buccal), la rubéole, la rougeole, les oreillons et la fièvre jaune.

Évitez le BCG à la naissance. Et même plus tard si cela est possible. Il est obligatoire pour les enfants confiés à une crèche, puis parvenus à l'âge scolaire (avant six ans en principe).

Les contre-indications au BCG sont la prématurité (l'enfant de poids inférieur à 3 kg), les maladies aiguës (rhume, angine, etc.) et les dermatoses étendues évolutives, c'est-à-dire toutes les maladies de peau importantes, non guéries, comme l'eczéma ou le psoriasis.

Attention aux asthmatiques ! Mieux vaudra leur éviter le BCG car le plus souvent l'asthmatique est un ancien eczémateux !

Respectez les contre-indications momentanées : les maladies aiguës ; et les contre-indications majeures : anémie, diabète, maladies rénales (glomérulonéphrite), maladies cardiaques décompensées, maladies traitées aux immunodépresseurs (cortisone, chimiothérapie, rayons), maladies traitées aux gammaglobulines, leucémies, cancers.

Dans le cas d'enfants séropositifs ou atteints de sida, la plus grande prudence s'impose, compte tenu de la fragilité de leur système immunitaire. Selon des données récentes, le BCG serait le vaccin qui entraîne le plus de réactions secondaires. Chez le sidatique, il est contre-indiqué !

Sont obligatoires, en France, les vaccinations : antitétanique, antidiphtérique, antipoliomyélitique et antituberculeuse BCG.

Évitez de faire vacciner votre enfant lors des vaccinations de masse en milieu scolaire. Adressez-vous plutôt à votre médecin. Celui-ci connaît bien votre enfant. Il décélera une contre-indication éventuelle et déterminera le moment le plus favorable pour la faire.

Chez la femme enceinte, il serait souhaitable de s'abstenir de toute vaccination. Cependant, il semble admis que certains vaccins sont sans danger en cours de grossesse. Ce sont les vaccins contre le tétanos, la grippe, la poliomyélite (injectable), le choléra, l'hépatite B.

Les vaccins à éviter, en principe, durant la grossesse sont l'anti-poliomyélitique buvable, l'anti-variolique, l'anti-rubéolique.

Pour vacciner une jeune femme contre la rubéole, il est conseillé de s'assurer d'abord qu'elle n'est pas enceinte (test de grossesse) puis de la mettre trois mois sous contraceptif. La vacciner APRÈS le premier mois de prise de contraceptif.

TROISIÈME PARTIE

LA NATURE DANS L'ASSIETTE

La cuisine et l'amour de la vie

La nature est variée et infinie. En connaissant l'action des végétaux sur l'organisme de chacun selon les besoins spécifiques liés à son âge, à son activité, à la saison et à ses goûts propres, vous pourrez prendre en charge l'éducation alimentaire de vos enfants.

Ce livre de recettes de cuisine vous accompagnera tout au long de votre vie quotidienne et vous suggérera des idées d'entrées, de plats et de desserts. Mais il vous apportera aussi une information précise sur un fruit, un légume, une céréale ou une légumineuse et guidera vos intuitions culinaires grâce à l'analyse des besoins nutritionnels de votre enfant.

Cette cuisine est née de l'amour de la vie, de l'amour des enfants et tout simplement de l'amour de la bonne santé. Les règles alimentaires que nous vous présentons reposent sur l'observation de cycles de saisons et des lois organiques qui leur sont liées.

Si nous regardons autour de nous, nous prenons conscience que la nature nous propose, à chaque époque de l'année, des végétaux parfaitement adaptés aux nécessités vitales de notre organisme, à ce moment-là.

C'est en découvrant ou en redécouvrant ces plaisirs tout simples, connus de nos ancêtres et tant oubliés aujourd'hui, que vous éprouverez la joie de vous nourrir et de nourrir votre enfant en harmonie avec les éléments naturels que sont : l'air, le feu, l'eau, la terre, ceux-là mêmes qui nous entourent.

Si vos enfants déjeunent à la cantine ou bien à l'extérieur, il n'y a pas lieu de s'inquiéter. Vous trouverez dans cet ouvrage matière à équilibrer leurs journées en leur proposant des petits en-cas sains, naturels et pleins d'énergie.

De nombreuses cantines proposent d'ailleurs maintenant leurs menus sous forme de self-service. Apprenez à votre enfant à discerner les aliments favorables de ceux qui le sont moins et tentez de lui expliquer que s'il veut être fort et brillant en classe, cela dépend en grande partie de son alimentation.

C'est donc d'abord à vous, avant de le lui enseigner, d'apprendre la valeur nutritive des produits que vous offre la nature, de savoir choisir ces produits et enfin de savoir comment en respecter la qualité en ne les soumettant pas à des opérations, tout particulièrement de cuissons agressives.

La valeur nutritive

LES CÉRÉALES

Les principales céréales sont l'avoine, le blé, le millet, l'orge, le riz, le sarrasin, le seigle et le maïs. Elles constituent une base fondamentale pour une vie saine. Elles apportent protéines, glucides, lipides d'excellente qualité, tant qu'elles sont complètes, c'est-à-dire tant qu'elles ont conservé leur pouvoir germinatif, qu'elles sont de culture biologique et qu'elles n'ont pas été transformées par diverses manipulations industrielles.

L'avoine

Composition pour 100 g
Protides 12 à 13 g
Lipides 5 g
Glucides 60 g
Cellulose 10,3 g
Soufre 200 mg
Phosphore 400 mg
Chlore 42 mg
Sodium 2 mg
Potassium 430 mg
Magnésium 150 mg
Calcium 65 mg
Fer 5 mg
Zinc 2 mg
Cuivre 2 mg
Manganèse 5 mg

Vitamine B1 0,50 mg
Vitamine B2 0,15 mg
Vitamine PP 1,5 mg
Vitamine B5 1,25 mg
Vitamine B6 0,45 mg
Vitamine E 3 mg

Valeur calorique : 333.

La formule de cette céréale la fait recommander aux asthéniques, aux surmenés — physiquement ou intellectuellement —, aux convalescents et aux anémiques.

Elle convient à tout âge et surtout aux enfants. Contrairement à ce que l'on a pu en dire, elle ne contient pas plus de purines que le chou-fleur, les épinards, les volailles ou le poisson (50 mg/100 g).

L'avoine, utilisée en décoction (20 g/litre), est laxative et diurétique.

Selon le Dr Cazin, l'avoine torréfiée et réduite en poudre, prise le matin à jeun, à raison de deux ou trois tasses pendant deux ou trois jours, produit un effet salutaire en cas d'hémorroïdes et de constipation. Sucrez au miel et ajoutez un peu de lait si vous voulez.

Selon le Dr Leclerc, l'avoine renfermerait une phytohormone apparentée à la folliculine ; cela justifierait son indication dans le traitement de l'impuissance partielle (érection insuffisante), et elle serait aussi recommandée aux femmes souffrant d'une insuffisance folliculinique.

• *Recette dépurative et fortifiante selon Sébastien Kneipp* (à utiliser en particulier après l'accouchement) : « Laver 6 à 8 fois sous l'eau courante à travers une passoire fine un litre d'avoine entière pelée que l'on mettra à cuire dans 3 litres d'eau ; laisser bouillir jusqu'à réduction de moitié. Passer, incorporer deux cuillerées à soupe de miel dans la décoction et faire cuire à feu doux pendant cinq minutes. »

Cette préparation est rafraîchissante dans les cas d'échauffements internes et constitue un excellent réconfort pour les convalescents.

Le blé

Composition pour 100 g
Protides 10,5 g
Lipides 1,5 g
Glucides 69 g
Cellulose 1,9 g
Soufre 182 mg

Phosphore 300 mg
Chlore 52 mg
Sodium 11 mg
Potassium 445 mg
Magnésium 140 mg
Calcium 38 mg
Fer 4 mg
Zinc 5 mg
Cuivre 0,7 mg
Manganèse 3,2 mg
Iode 0,003 mg

Vitamine B1 0,40 mg
Vitamine B2 0,25 mg
Vitamine PP 4 à 7 mg
Vitamine B5 0,25 à 0,50 mg
Vitamine B6 0,50 mg
Vitamine E 2 mg

Valeur calorique : 332.

Le blé a une formule moins riche que celle de l'avoine, mais sa composition bien équilibrée en nutriments et sa teneur en sels minéraux et en biocatalyseurs en font un aliment de base pour l'être humain ; à condition, bien sûr, que rien d'essentiel n'ait été retiré du grain entier. Hélas, la meunerie moderne retire aux farines blutées à 70-75 % le germe et le son, ce qui en fait un produit déséquilibré et trop riche en amidon.

Nous vous conseillons de consommer le blé germé (trois à cinq jours) ou sous forme de pain complet au levain naturel. Si vous êtes fragile ou n'avez pas l'habitude de consommer des céréales, nous vous suggérons de ne pas l'employer entier sous toutes ses formes (sauf germé). En effet, l'enveloppe du blé contient un acide, l'*acide phytique,* qui est un déminéralisant puissant et peut provoquer des ballonnements.

• *Remède pour la gastro-entérite des nourrissons :* Mélanger 4 cuillerées à soupe de chacune de ces 3 céréales : avoine, blé, orge. Moudre ce mélange et mettre la farine obtenue dans 1,5 l d'eau de source froide. Faire bouillir et maintenir l'ébullition jusqu'à réduction à 1 litre. Passer et sucrer légèrement au miel. Donnez un biberon par jour.

Le germe de blé

Composition pour 100 g
Protides 25 g
Lipides 8 à 10 g
Glucides 49 g
Cellulose 1 g
Soufre 320 mg
Phosphore 1 070 mg
Chlore 70 mg
Sodium 2 mg
Potassium 770 mg
Magnésium 400 mg
Calcium 90 mg
Fer 7,6 mg
Zinc 2 mg
Cuivre 1,2 mg
Manganèse 5 mg

Vitamine C 1 à 2 mg
Vitamine B1 1,5 mg
Vitamine B2 2 à 4 mg
Vitamine PP 5 mg
Vitamine B5 1,2 mg
Vitamine B6 2 à 5 mg
Vitamine E 8 à 50 mg
Provitamine A 0,40 mg
Vitamine D 0,0007 mg.

Quand on compare la formule du blé et celle du germe de blé, on constate combien le germe de blé est supérieur au blé lui-même. L'enrichissement de sa formule est dû au processus de germination, qui, grâce à l'action de l'eau, permet de libérer une activité enzymatique spécifique qui potentialise certains nutriments, en équilibre d'autres et même crée de nouveaux éléments (la vitamine C).

Ce qui ressort surtout, c'est la teneur importante en protéines (deux à trois fois plus que dans le blé). Ces protéines sont de valeur supérieure car elles renferment tous les acides aminés contenus dans la viande, les œufs et le lait. Les deux plus importants acides aminés, la lysine et le tryptophane, sont de rapport 6,4, dépassant largement celui de l'œuf qui n'est que de 4,5.

L'analyse décèle encore la présence de matières grasses, plus exactement de lipoïdes contenant des lécithines qui interviennent dans la nutrition des tissus en stimulant l'anabolisme de l'azote et du phosphore.

Enfin, le germe de blé contient de nombreuses enzymes et coenzymes (amylase, protéase, lipase, catalase) qui contribuent toutes à une meilleure assimilation de tous les éléments premiers.

Ainsi, le blé germé recommandé à tous, sans exception, l'est particulièrement aux femmes enceintes et allaitantes. L'importance de ses fonctions enzymatiques et régulatrices au niveau des différents métabolismes en fait un aliment protecteur de l'organisme et même reconstituant.

Il est très important de bien le mâcher en insalivant abondamment si l'on veut en obtenir tous les bienfaits et éviter d'éventuels inconvénients secondaires (ballonnements, irritations).

Au début, il est préférable de n'en consommer qu'une petite quantité (1 cuillerée à café) que l'on augmentera progressivement (jusqu'à 30 g/jour). En cas de dépression, de convalescence, d'asthénie, on pourra aller jusqu'à 70 g/jour.

Le maïs

Composition pour 100 g
Protides 9,5 g
Lipides 4,3 g
Glucides 69 g
Cellulose 2,3 g
Soufre 150 mg
Phosphore 275 mg
Chlore 50 mg
Sodium 1 mg
Potassium 330 mg
Magnésium 120 mg
Calcium 22 mg
Fer 3 mg
Zinc 1,5 mg
Cuivre 0,7 mg
Manganèse 1,2 mg
Iode 0,001 mg

Vitamine B1 0,45 mg
Vitamine B2 0,10 mg
Vitamine PP 2 mg
Vitamine B5 0,50 mg
Vitamine B6 0,70 mg

Vitamine E 1,50 mg
Provitamine A 0,3 mg

Valeur calorique : 378.

Le maïs est moins riche en protides que le blé et plus chargé en corps gras. La teneur en minéraux et vitamines est également moins intéressante, notamment en vitamines PP et B3.

Cet aliment est incomplet et ne doit pas être consommé en trop grande quantité, à cause de la présence d'*antiniacine* (antivitamine PP), responsable d'une avitaminose : la *pellagre,* qui se caractérise par des troubles digestifs avec entérocolite, stomatite, glossite, et peut même provoquer des troubles psychiques.

Le millet

Composition pour 100 g
Protides 11 g
Lipides 4 g
Glucides 68 g
Cellulose 5 g
Soufre 125 mg
Phosphore 320 mg
Chlore 19 mg
Potassium 300 mg
Magnésium 160 mg
Calcium 30 mg
Fer 4,2 mg
Zinc 1,6 mg
Cuivre 0,30 mg
Manganèse 3 mg
Iode 0,0001 mg

Vitamine B1 0,5 mg
Vitamine B2 0,2 mg
Vitamine PP 3,5 mg
Vitamine B5 1 mg
Vitamine B6 0,5 mg
Provitamine A 0,30 mg

Valeur calorique : 352.

C'est une céréale bien équilibrée, riche en magnésium et en lysine, acide aminé indispensable à la désassimilation ou catabolisme des protéines. Elle constitue pour les jeunes un bon facteur de croissance.

Le millet est reconnu pour faciliter la digestion. Il ne provoque ni acidité ni fermentation et ne peut donc pas être responsable de troubles digestifs ou intestinaux.

Il est nutritif et revitalisant. Sa teneur en fer l'indique dans le régime de l'anémique. Il contient également 3 mg de manganèse pour 100 g et l'on sait le rôle déterminant de cet oligo-élément dans le maintien du taux de certaines enzymes indispensables aux fonctions digestives, comme dans la formation de l'hémoglobine.

L'orge

Composition pour 100 g
Protides 11 g
Lipides 2 g
Glucides 66 g
Cellulose 5,5 g
Soufre 152 mg
Phosphore 345 mg
Chlore 50 mg
Sodium 5 mg
Potassium 500 mg
Magnésium 155 mg
Calcium 55 mg
Fer 4 mg
Zinc 2,45 mg
Cuivre 0,6 mg
Manganèse 1,55 mg
Iode 0,0001 mg
Riche en silice, quantité indéterminée

Vitamine B1 0,5 mg
Vitamine B2 0,16 mg
Vitamine PP 5,4 mg
Vitamine B5 0,9 mg
Vitamine B6 0,3 mg
Vitamine E 1,2 mg
Provitamine A 0,1 mg

Valeur calorique 326.

Les chiffres ci-dessus correspondent à l'orge, grain complet. Cette céréale est d'une excellente valeur nutritive. Elle est plus riche que le blé en *phytase* (enzyme qui neutralise l'acide phytique décalcifiant).

Le riz

Composition pour 100 g
Protides 8 g
Lipides 1,2 g
Glucides 77 g
Cellulose 1,2 g
Soufre 120 mg
Phosphore 170 mg
Chlore 45 mg
Sodium 2 mg
Potassium 280 mg
Magnésium 105 mg
Calcium 45 mg
Fer 1,70 mg
Zinc 0,50 mg
Cuivre 0,40 mg
Manganèse 1,5 mg
Iode 0,002 mg
Vitamine B1 0,35 mg
Vitamine B2 0,08 mg
Vitamine PP 4,50 mg
Vitamine B5 1,20 g.

Bien entendu, nous ne parlerons ici que du riz complet. Après blanchiment, le riz (riz blanc ou riz poli) perd la plupart de ses propriétés nutritives.

Qu'on se rappelle les conséquences quand les peuples asiatiques se mirent à consommer du riz raffiné ! Il y eut des épidémies de béribéri. Cette maladie étant tout simplement due à une carence en vitamine B1 ! Les Européens n'ont pas le même problème étant donné la diversité de leur alimentation.

Il faut savoir que le riz complet favorise la régulation du taux de l'urée sanguine et la réduction des troubles du transit intestinal. Il est recommandé aux hypertendus, aux dyspeptiques, notamment aux intestins fragiles, en raison de sa digestibilité facile et du peu d'effort qu'il demande à l'intestin grêle et au côlon.

Gastro-entérite du nourrisson : Mettez 30 g de riz complet bien lavé dans un litre d'eau froide, placez sur feu doux et laissez mijoter sans couvrir, 1 heure si vous voulez obtenir un bouillon clair, 2 heures si vous désirez un bouillon fort. Il faut compenser l'évaporation en ajoutant de l'eau afin qu'il reste bien 1 litre de liquide à la fin de l'opération. Filtrez ensuite avec un tamis suffisamment gros, car le liquide est assez épais.

Si le traitement devait durer, il faut renouveler chaque jour la décoction.

Le sarrasin

Composition pour 100 g
Protides 10,5 g
Lipides 2,2 g
Glucides 62 g
Cellulose 11,7 g
Soufre 145 mg
Phosphore 310 mg
Chlore 30 mg
Sodium 5 mg
Potassium 160 mg
Magnésium 215 mg
Calcium 90 mg
Fer 1,10 mg
Zinc 1 mg
Cuivre 0,60 mg
Manganèse 1,50 mg
Vitamine B1 0,50 mg
Vitamine B2 0,30 mg
Vitamine PP 3,10 mg
Vitamine B5 1,10 mg
Vitamine B6 0,30 mg.

Le sarrasin non grillé renferme également un taux élevé non déterminé de *rutine* (vitamine P).

Les propriétés du sarrasin sont voisines de celles du blé avec un taux plus élevé de magnésium et de calcium.

C'est donc un aliment nutritif et énergétique qui convient aux personnes surmenées et fatiguées. Bien sûr, les femmes enceintes et allaitantes auront tout intérêt à l'employer. La vitamine P en fait un protecteur des vaisseaux et l'indique, comme adjuvant, dans les cas de fragilité vasculaire.

Le seigle

Composition pour 100 g
Protides 11 g
Lipides 1,6 g

Glucides 68 g
Cellulose 2,2 g
Soufre 145 mg
Phosphore 370 mg
Chlore 50 mg
Sodium 4 mg
Potassium 450 mg
Magnésium 130 mg
Calcium 50 mg
Fer 4,50 mg
Zinc 1,30 mg
Cuivre 0,60 mg
Manganèse 3,50 mg
Iode 0,005 mg

Vitamine B1 0,45 mg
Vitamine B2 0,20 mg
Vitamine PP 1,80 mg
Vitamine B5 1 mg
Provitamine A 0,2 mg

Valeur calorique : 331.

Le seigle constitue un aliment de valeur énergétique et plastique (construction et entretien de la cellule). Cette céréale intervient comme régulateur de la fluidité sanguine et comme antiscléreux.

Il faut cependant rester prudent dans l'utilisation de cette céréale. La manière la plus simple est de la consommer sous forme de pain complet. Nous ne sommes pas d'avis de la faire germer étant donné la maladie que peut développer le grain lui-même : l'*ergot,* champignon qui parasite d'autres graminées, mais tout spécialement le seigle. L'ingestion de seigle ergoté provoque des diarrhées, des convulsions, des modifications de la tension artérielle. Elle peut être mortelle.

LES FRUITS

« Un fruit est d'or le matin, d'argent le midi et de plomb le soir », nous dit le vieux dicton. Et pour vous éviter tout problème de fermentation, nous vous conseillons de consommer les fruits le matin et en tout cas en dehors des repas. Vous éviterez de les sucrer.

Vous pourrez en consommer plus l'été que l'hiver ; d'ailleurs, naturellement, vous en aurez davantage envie pendant les chaleurs. Les fruits peuvent être revitalisants ou dévitalisants. En effet, ils ont tendance à dévitaliser les personnes maigres, frileuses et déminéralisées, alors qu'ils revitalisent les personnes qui ont le « sang épais » et les survitaux.

Il est préférable d'utiliser les fruits d'origine biologique et bien mûrs. Ne consommez pas de jus de fruits aux repas.

L'abricot

Ce fruit doit être mangé bien mûr, sinon il est très indigeste. Il doit être tendre, juteux et bien coloré. L'abricot est très minéralisant et est conseillé en cas d'anémie, car il est très riche en lévulose. C'est un des fruits les plus riches en vitamine A, en vitamines B, C et P. Il contient également du sodium, du potassium, du magnésium, du calcium, du phosphore, du soufre, du nickel et du manganèse.

Sachez qu'à l'état frais il combat la diarrhée, alors qu'à l'état sec il facilite le transit intestinal. Attention toutefois aux risques de fermentation que comporte une surconsommation d'abricots secs.

L'amande douce

Lorsqu'elle est sèche, l'amande contient plus de protéines, environ 18 %, et plus de lipides, environ 30 %. Elle contient peu de glucides, environ 14 %, mais elle est riche en calcium et en phosphore. Sa consommation facilite la digestion des amidons grâce à une diastase, l'*émulsine,* qu'elle contient. C'est pourquoi il est conseillé de mettre une bonne cuillerée de purée d'amandes dans les bouillies des enfants.

L'amande utilisée en quantité raisonnable (une dizaine au maximum) équilibre le système nerveux et tonifie le cerveau.

L'ananas

Nous ne recommandons pas l'utilisation de végétaux exotiques inacclimatables dans nos régions, mais l'ananas présente de nombreux avantages. Il est riche en vitamines C, A et B1. Il contient du magnésium, du potassium, du phosphore, du fer, de l'iode, du fluor, du soufre et du chlore. Sans parler d'une diastase, la *papaïne,* qui est très active et facilite la digestion des protéines. C'est pourquoi ce fruit peut être employé en fin de repas par certaines personnes. Testez tout de même vos tolérances.

Vous préférerez les ananas de provenance directe par avion.

La banane

Ce fruit est riche en minéraux tels que le magnésium, le potassium, le phosphore, le zinc et le fer. Riche également en vitamines A, B1, B2, B3, B5, B6, C et E. Les personnes constipées devront l'éviter ou en tout cas en modérer la consommation à cause de sa faible teneur en cellulose. La banane est un fruit indiqué aux enfants car il intervient favorablement dans la nutrition, la croissance et l'équilibre nerveux. Attention, la banane est riche en hydrates de carbone.

Le cassis

C'est un fruit très riche en vitamine C, diurétique et astringent. Il active la transpiration s'il est consommé nature en quantités importantes. Il contient du fer, du magnésium, du phosphore, du potassium, du cuivre, du manganèse, du nickel. On y trouve également du salicylate naturel, et sa consommation est conseillée aux goutteux, aux rhumatisants et aux hépatiques.

La cerise

C'est un excellent fruit, riche en minéraux comme le phosphore, le soufre, le chlore, le sodium, le potassium, le magnésium, le calcium, le fer, le zinc, le cuivre, le manganèse, l'iode, le cobalt, et en vitamines A, B1, B3, B5, B6, et C. Il est laxatif et diurétique et est donc très favorable dans les cas d'insuffisance rénale ou d'œdèmes. Mais ce fruit fermente très facilement. Il ne faut jamais boire après avoir mangé des cerises sous peine de troubles graves. La cerise purifie, reminéralise et alcalinise selon le terrain de l'individu qui l'utilise.

La châtaigne

La châtaigne contient des minéraux bénéfiques à la calcification, à l'assimilation et à la digestion, pour la cellule nerveuse et pour le sang. Elle contient du fer, du magnésium, du phosphore, du calcium, du potassium, du sodium, du soufre, ainsi que des vitamines B1, B2, B3, B6, C et E. Attention à sa forte teneur en amidon. Mieux vaut en éviter la consommation avec d'autres farineux ou au cours d'un repas par ailleurs trop riche.

Le citron

C'est un fruit que l'on peut consommer toute l'année. Il a avant tout un pouvoir dépuratif et antiseptique. Il est très riche en vitamines C, B et provitamine A. Il contient également des minéraux : calcium, potassium, fer, phospore, zinc, cuivre, manganèse, silicium. Bien utilisé, ce fruit est plein de vertus.

Une petite recette de recalcifiant :

Pressez le jus d'un ou deux citrons sur un œuf de poule. Laissez infuser toute la nuit et buvez le liquide le lendemain. Ainsi préparé, le calcium de la coquille d'œuf est très assimilable. Cette boisson est conseillée aux femmes enceintes.

La datte

La datte se classe comme l'un des tout premiers fruits pour sa teneur en phosphore et en calcium, dans des proportions voisines de celles du corps humain. Elle contient également des réserves étonnantes de magnésium qui, en association avec le phosphore, est un tonique musculaire et nerveux favorable à l'effort cérébral. La datte est riche en fer, en vitamine A et B1. Les enfants auront tout intérêt à en consommer au goûter ou comme en-cas.

Veillez à acheter des dattes de bonne qualité, garanties sans traitements — les dattes muscades ont été enrobées dans un sirop de sucre pour paraître plus brillantes : évitez-les.

La figue

La figue fraîche est riche en vitamines A, B et C. Elle est favorable au système nerveux et draine les voies respiratoires et intestinales. Elle contient également du brome, du calcium, du fer, du phosphore, du magnésium et du soufre. Elle constitue donc un excellent goûter surtout en cas de toux irritante.

La fraise

Les enfants en raffolent. C'est un fruit riche en vitamines B et C. Il est très reminéralisant car il contient du fer, du calcium, du phosphore, du potassium, de l'iode, du brome, de la silice, du sodium et du chlore. Consommée régulièrement en pleine saison, la fraise équilibre les nerfs, renforce le système immunitaire et stimule les fonctions hépatiques. Il vaut mieux la consommer le matin à jeun ou au goûter, sans crème ni sucre.

La framboise

Elle présente à peu près les mêmes caractéristiques que la fraise. Elle est nutritive, tonique et dépurative.

La groseille

Elle contient de la provitamine A, des vitamines B et C, du fer, du potassium, du calcium et du phosphore. Elle est un peu laxative et peut être utilisée pour fluidifier le sang grâce à sa teneur en acide citrique, tartrique et malique.

Le melon

Si l'on veut bénéficier des propriétés diurétiques et laxatives du melon, il est préférable de le consommer seul et loin des repas. Peu calorique, il est riche en potassium et en magnésium. Il contient également de la vitamine C et du carotène.

La mandarine

Elle contient du soufre, du phosphore, du chlorure de sodium, du potassium, du magnésium, du calcium, du fer, du zinc, du manganèse, du brome et des vitamines A, B3 et C. Moins acide que l'orange, elle est mieux tolérée et convient bien aux spasmophiles.

La mangue

La mangue est riche en vitamine A ; c'est pourquoi on la conseille dans de nombreuses affections de la peau, des muqueuses et des yeux. Elle contient également du phosphore, du potassium, de la silice, du soufre, du calcium, du chlore et des vitamines B et C. Ce fruit doit être consommé bien mûr.

La mûre

La mûre contient des provitamines A, des vitamines C et P, du calcium, du magnésium, du fer, du cobalt et de la silice. La mûre est tonique, dépurative, laxative et astringente. Elle a une action adoucissante sur les muqueuses pulmonaires irritées.

La myrtille

La myrtille est riche en sodium, mais aussi en iode, calcium, phosphore, potassium et fer. Elle contient des vitamines B1, B3, B5 et C. Elle est antidiarrhéique grâce à la présence de tanin (attention en cas de constipation), d'acide citrique, tartrique, malique et benzoïque. Cette baie présente des propriétés microbicides puissantes et désinfecte rapidement le milieu intestinal. Enfin, c'est un des fruits les plus riches en vitamine PP et ses indications majeures concerneront toutes les atteintes vasculaires et les troubles de la vue.

La nèfle

La nèfle contient du potassium, du calcium, du magnésium, du phosphore et du fer. La nèfle favorise la diurèse, calme l'inflammation dans les catarrhes intestinaux, régularise les fonctions intestinales. Elle contient beaucoup de tanin et de pectine, d'où son utilité dans la lutte contre l'hypercholestérolémie.

La noisette

Ce fruit oléagineux contient peu de glucides, 15 % de lipides et 30 % de protides. Il est riche en phosphore, en magnésium et calcium, il contient aussi du soufre, du cuivre, du potassium, du chlore et du fer, des provitamines A et des vitamines B. La noisette aurait une action vermifuge. Elle devrait également être consommée par les personnes spasmophiles.

Les noix

La noix contient des quantités appréciables de calcium, phosphore et de vitamines du groupe B (B1, B2, B3(PP), B5, B6). Elle contient également du zinc, du cuivre et du fer. C'est un fruit laxatif et vermifuge très reminéralisant. Attention, la noix peut irriter les muqueuses chez les personnes atteintes de stomatite.

La noix de cajou

Elle est riche en vitamine C et en vitamine A. Il s'agit bien sûr de la noix non grillée. Elle contient en quantités importantes du potassium, du magnésium, du phosphore, du fer et du calcium. Elle aurait des vertus fortifiantes pour le cœur et les nerfs.

La noix de coco

Bien que pauvre en vitamines, elle est riche en sels minéraux : soufre, chlore, potassium, phosphore, sodium, magnésium, silice et calcium. Elle est nutritive, diurétique et laxative. Attention à la teneur en lipides de la pulpe.

La noix du Brésil

Nous mentionnons ici la noix du Brésil car elle contient des éléments remarquables. En effet, les protéines de ces noix correspondent à celles de l'œuf et sont, comme ces dernières, d'une grande valeur biologique. Sa teneur en lipides (67 g/100 g) est répartie en acides gras saturés (48,5 g) et non saturés (18,5 g). Sa richesse en vitamine E protège les acides gras non saturés contre une oxydation trop rapide. Parmi les oléagineux, ce sont les noix du Brésil qui, avec les pignons, les graines de tournesol et le sésame, contiennent le plus de vitamine B1, indispensable au bon fonctionnement des nerfs et à de nombreux processus métaboliques.

50 g de noix du Brésil mangées avec deux pommes ou d'autres variétés de fruits remplacent avantageusement un repas. Enfin, elles sont riches en magnésium, phosphore, fer, calcium et potassium.

L'orange

Elle est riche en vitamines C, B et en provitamines A. Elle contient en outre du phosphore, du potassium, du fer, du magnésium, du sodium, du cuivre et de la silice. C'est un fruit tonique, anti-infectieux, antipyrétique, diurétique et fluidifiant du sang. Attention toutefois à son taux d'acide oxalique qui peut aller jusqu'à 25 mg pour 100 g. D'autre part, c'est un fruit extrêmement traité et nous vous conseillons de l'acheter de qualité biologique.

Le pamplemousse

Ce fruit est riche en vitamines B1, B2, B3, B5, B6, C et E et contient du phosphore, du calcium, du magnésium et du soufre. Il ne contient quasiment pas d'acide oxalique mais est plus acide que l'orange. Essayez de le consommer avant le repas ou loin des repas.

La papaye

La papaye est connue pour son enzyme, la *papaïne,* qui permet la digestion des protéines. Elle est donc conseillée aux personnes ayant une sécrétion pancréatique insuffisante. Elle contient une quantité appréciable de vitamines A et C. Elle est laxative et peut être conseillée pour les bébés.

La pastèque

Elle contient des vitamines B et C, de la provitamine A, du potassium, du sodium, du phosphore, du magnésium et du calcium. Consommée seule, elle a un effet diurétique, dépuratif et laxatif.

La pêche

La pêche contient des vitamines B et C, de la provitamine A, du fer, du calcium, du phosphore, du soufre, du chlore, du zinc et du manganèse. Le fruit frais, surtout pris en début de repas, stimule l'appétit, notamment chez les fiévreux. La pêche est doucement laxative et diurétique et elle est bien tolérée.

Le pignon

La graine de la pomme de pin est riche en vitamines B1, B2, PP, en phosphore, calcium et fer. Elle est conseillée dans les maladies pulmonaires, ainsi que dans les affections génitales, urinaires, car elle est riche en térébenthine naturelle. D'autre part, elle stimule doucement les glandes cortico-surrénales.

La pistache

Sa richesse en protides et en lipides en fait un excellent aliment énergétique. Elle est très riche en substances minérales (potassium, phosphore, magnésium, calcium, fer, manganèse, cuivre et silice) et en vitamines A, B1, B2, PP et C à l'état frais. Il est préférable de la consommer non grillée et non salée quoique sa coque la protège mieux des effets indésirables du traitement par la chaleur.

La poire

Elle contient des vitamines B et C, de la provitamine A, du calcium, du phosphore, du magnésium, du potassium, du manganèse, du soufre, du chlore, du cuivre et de la silice. Elle renferme également une quantité notable d'acides phosphorique, sulfurique et tartrique. Sa teneur en oligo-éléments, en substances aromatiques, enzymatiques et hormonales est peu connue mais cependant indéniable.

La pomme

Un proverbe anglais nous proclame : « Une pomme au quotidien éloigne le médecin. »

Sodium, potassium, calcium, manganèse, soufre, chlore, aluminium et surtout phosphore ont pu être mis en évidence dans ce fruit. Les vitamines, A, B1, B2, B6, C, E et l'acide nicotinique y sont groupés. C'est un fruit très nutritif qui pourra être utilisé en cas de fatigue, déminéralisation, rhumatismes, goutte, collibacillose, diarrhée et constipation. Elle aurait un effet digestif, protecteur de la muqueuse de l'estomac comme de l'intestin, ainsi qu'un effet stimulant des fonctions du foie. Elle est dépurative, favorisant l'élimination des toxines, en particulier de l'acide urique. Elle permettrait, grâce à sa pectine, de faire baisser le taux de cholestérol dans le sang.

La prune

Sa teneur en minéraux est voisine de celle de la poire : peu de sodium, même richesse en phosphore et en potassium, mais quantités négligeables en vitamines A, B1, B2, B3 et C. Elle est diurétique, laxative, désintoxicante et stimule le système nerveux.

Le raisin

Le raisin est surtout intéressant pour sa richesse en sels minéraux : phosphore, magnésium, potassium, sodium, manganèse, calcium, chlore, silice, fer et fluor. Il contient des vitamines B, C et de la provitamine A. C'est un tonifiant, reminéralisant, désintoxicant, diurétique et laxatif. C'est un aliment idéal pour les personnes affaiblies étant donné que son assimilation ne donne aucune fatigue à l'organisme.

Les cures de raisins sont connues pour leurs bienfaits, mais nous conseillons de ne pas dépasser des monodiètes de trois jours, car ce fruit peut irriter les intestins.

La rhubarbe

Classée ici parmi les fruits parce que, comme eux, elle fournit des desserts, la rhubarbe contient du potassium, du calcium, du magnésium, du phosphore et du fer, des vitamines A et C, mais surtout une quantité importante d'acide oxalique, ce qui en interdit la consommation aux personnes souffrant de goutte et de rhumatismes. La présence de tanin la rend astringente et antidiarrhéique, alors que celle d'anthraquinone en fait un laxatif irritant.

Utilisée modérément, la rhubarbe stimule la sécrétion des glandes intestinales et les fonctions hépatobiliaires. Cependant, si vous ne la tolérez pas, c'est égal : ce n'est pas un aliment indispensable.

Le sésame

Le sésame est très riche en calcium et en fer. Il contient également des vitamines A, B1, B2 et PP.

Le sésame est laxatif.

La tomate

Elle est surtout riche en vitamine C mais contient aussi des vitamines B, de la provitamine A, du fer, du phosphore, du potassium, un peu de soufre, du manganèse, du magnésium, du calcium et du zinc. Elle comporte, en plus, des éléments assez rares tels que le radium, le cuivre, le bore, le nickel et le cobalt. On comprend son utilité dans les cas d'anémie, de retards de croissance et dans les affections arthritiques. Étant donné son degré d'acidité, elle est déconseillée aux estomacs fragiles. De plus, elle peut être indigeste, consommée avec des farineux : à vous d'observer vos tolérances.

LES LÉGUMES

L'artichaut

L'artichaut contient surtout les vitamines A, B1, B2 et C. Il renferme un peu plus de potassium, calcium et magnésium que la moyenne des autres légumes. Il est très riche en manganèse (20 mg/100 g). Les vertus de l'artichaut sont nombreuses : il favorise les fonctions biliaires, draine le foie et contribuerait à éliminer le cholestérol sanguin. De plus, il est recommandé pour tous les troubles métaboliques résultant d'une fonction rénale insuffisante. Cependant l'artichaut est fortement touché par la pollution, en particulier par les nitrates qu'il concentre dans ses fibres plus que d'autres légumes. Vous veillerez à l'acheter d'origine biologique. N'hésitez pas à le consommer cru et, si vous le préférez cuit, ne le préparez qu'au dernier moment. Un artichaut cuit ne se conserve pas.

L'asperge

L'asperge est pauvre en calories mais contient des éléments nutritifs intéressants : potassium, calcium, magnésium, phosphore, fer, vitamines A, B1, B2, B6, PP, C et E. A côté de ces substances, l'asperge contient plusieurs corps à doses plus infimes : asparagine, coniférine, vanilline, méthylmercaptan (produit responsable de l'odeur si particulière de l'urine après l'ingestion d'asperges) et une essence. L'asperge est diurétique, dépurative et laxative.

Les bettes

Les bettes se préparent comme les épinards et possèdent à peu près les mêmes vertus diététiques. Elles régularisent notamment les processus métaboliques et l'activité nerveuse végétative. Il ne faut toutefois pas en abuser à cause de l'acide oxalique qu'elles contiennent.

La betterave

La betterave est une racine riche en sucres, en vitamines A et C et elle contient du potassium, du phosphore, du soufre, du chlore, de la silice, du calcium et du magnésium. Il faut signaler également la présence de deux ions très rares : le rubidium et le césium. La betterave crue aurait des vertus pour lutter contre les maladies dégénératives comme le cancer, la leucémie...

La carotte

La carotte est un légume très répandu et très apprécié de tous. Elle est riche en provitamine A, en vitamines B1, B2, B3, PP, B6, C et E. Elle renferme également du soufre, du phosphore, du potassium, du magnésium, du calcium, de l'arsenic, du fer, du zinc, du cuivre et du manganèse. La carotte contient des huiles volatiles qui sont à l'origine de ses propriétés vermifuges, de la pectine et des facteurs de croissance utiles chez l'enfant. La carotte est couramment utilisée dans l'alimentation normale du nourrisson et elle est indiquée en cas de retard de la croissance ou de la dentition ; elle augmente la résistance aux infections. Le jus de carotte peut également être utilisé lors des périodes de grossesse et d'allaitement : il aide la régénération des ongles et des cheveux cassants. Il combat les catarrhes chroniques des muqueuses et l'insuffisance hépatique, et il a une action régulatrice sur la sécrétion gastrique. Il permet également de lutter contre l'insomnie et les états dépressifs.

Le céleri

Le céleri est riche en minéraux : phosphore, calcium, magnésium, potassium, fer, zinc, cuivre, manganèse. Il contient une bonne proportion de vitamines A et E et un peu de vitamines B et C. Le céleri est un bon draineur des reins et est indiqué contre la goutte, les rhumatismes et dans le cas de certains états nerveux et dépressifs, résultat d'une acidification excessive des tissus.

Le champignon

Les champignons sont très riches en protéines (jusqu'à 30 %) et peuvent avantageusement remplacer la viande. Plus riches en minéraux que la plupart des légumes, les champignons nous apportent également des vitamines A, B, D. Le champignon de Paris, le cèpe et la girolle sont les plus intéressants d'un point de vue nutritif.

Le chou

Le chou peut être considéré comme le roi des légumes : très riche en minéraux comme le phosphore (50 mg), le calcium (50 mg), le fer (1 mg), mais aussi en soufre, potassium, magnésium, sodium, zinc, cuivre, manganèse, arsenic, il contient également des vitamines C, B1, B2 et A. C'est un aliment très reminéralisant qui est indiqué dans de nombreux domaines, et d'aucuns lui prêtent même des vertus anticancérigènes. Nous vous conseillons de l'employer cru et éventuellement cuit à la vapeur douce. Cuisiné d'une autre manière, il devient indigeste.

Le chou brocoli, riche en calcium, magnésium, soufre et fer, a en plus l'avantage de contenir beaucoup de potassium et peu de sodium, ce qui favorise la diurèse.

La choucroute détient de nombreuses vertus thérapeutiques : elle contient non seulement de la vitamine C, mais encore de nombreux minéraux et autres vitamines. Elle provoque l'élimination des sécrétions morbides, a une action antiulcéreuse, stimule le système nerveux et lutte contre l'anémie. Le pouvoir curatif de la choucroute est probablement dû à sa forte teneur en acide lactique bénéfique aux hépatobilieux, aux rhumatisants et aux artérioscléreux. Le jus de choucroute constitue un vermifuge utile et inoffensif pour les enfants.

La citrouille et le potiron

Riches en vitamines et en minéraux, la citrouille et le potiron sont nutritifs, rafraîchissants, laxatifs et diurétiques sans excès. Les pépins de citrouille détruisent les parasites intestinaux.

Le concombre

Très pauvre en calories, mais relativement riche en minéraux tels que le soufre, le potassium, le magnésium, le calcium, le fer, le zinc, la silice, le concombre contient aussi des vitamines B et C et de la provitamine A. Il est diurétique et laxatif. L'action dépurative du concombre est due au fait qu'il est hyperbasique et qu'il contient de la vitamine C (7 mg/100 g). Si vous voulez que votre concombre soit digeste, ne le faites pas dégorger et assaisonnez-le avec du citron et de l'huile de tournesol pressée à froid ou exceptionnellement de l'huile d'olive vierge.

Le cresson

Le cresson est un des légumes les plus riches en vitamine C (60 mg/100 g). Il contient de la chlorophylle, de l'arsenic, beaucoup de fer, du cuivre, du zinc, de la chaux, du soufre et de l'iode. Le cresson stimule les sécrétions gastriques et hépatobiliaires et favorise la diurèse. Employé cru en accompagnement de salade, il constitue un dépuratif puissant et lutte contre les parasites de l'intestin.

L'épinard

L'épinard est très riche en provitamine A, et en vitamines B et C. Également très minéralisé en fer, potassium, magnésium, calcium, sodium, soufre, phosphore et chlore, il est très revitalisant, antianémique et légèrement laxatif. Du fait de sa richesse en oxalate, les rhumatisants et les goutteux auront intérêt à en modérer la consommation. Attention ! Les épinards ne se conservent pas, même au réfrigérateur. Une fois cuits, il ne faut pas les réchauffer sous peine de favoriser la formation de substances toxiques.

L'endive

L'endive est dépourvue de chlorophylle, mais elle contient autant de substances nutritives que la laitue. Elle est riche en provitamine A, en vitamines B1, B2, B6 et contient un peu de vitamine C et de minéraux tels que le soufre, le potassium, le sodium, le cuivre, le magnésium, le fer, le zinc et le manganèse. L'endive stimule le foie et les voies biliaires.

Le fenouil

Le fenouil est très riche en provitamine A, mais aussi en vitamines B1, B2, PP, C et E. Riche également en phosphore et en calcium, le fenouil s'oppose aux fermentations. Le jus de fenouil est diurétique, il facilite la digestion et la sécrétion du lait. Grâce à ses vertus antiputrides, il facilite la digestion de la viande et du poisson. *Ce légume est recommandé à la femme enceinte et allaitante.*

Le haricot vert

Il contient de la provitamine A, des vitamines B et C et un peu de substances minérales telles que le potassium, le magnésium, la silice, la chaux, le manganèse, le soufre, le phosphore, le chlore, l'aluminium, le cobalt et le nickel. Il est diurétique et lutte contre la constipation grâce à la cellulose qu'il contient.

La laitue

Relativement riche en substances nutritives, la laitue contient de la provitamine A, des vitamines B et C et une haute teneur en vitamine E. De plus, elle contient du calcium, du magnésium, du potassium, du phosphore, du fer, du manganèse, du zinc et du cuivre. Une des principales vertus de la laitue est de favoriser le sommeil car elle contient une substance voisine de l'opium, qui a des propriétés calmantes et antispasmodiques. La laitue est légèrement laxative et assure le drainage hépatique.

Le navet

Il contient de la provitamine A, des vitamines B et C, du potassium, du calcium, du sodium, de la silice, du phosphore, du magnésium, du chlore, de l'arsenic et du soufre. Le navet est dépuratif, laxatif et diurétique. On l'utilise pour lutter contre l'anémie et la décalcification. Ses feuilles, d'une grande valeur minérale, peuvent être utilisées en salade.

L'oseille

L'oseille est très riche en magnésium, silice, potassium et en vitamine C. Elle contient de l'acide chrysophanique et de l'émodine, qui la rendent très laxative. Cependant, l'oseille renferme 1 % d'acide oxalique, ce qui la contre-indique aux lithiasiques. D'une manière générale, il est déconseillé pour les reins et le cœur d'en utiliser trop souvent.

L'ortie

L'ortie a de nombreuses vertus. Riche en magnésium, silice, potassium et vitamine C, elle est diurétique, elle stimule les voies digestives, et elle a une action hématopoïétique (grâce à son fer et à sa chlorophylle). Elle a également une action antidiabétique, antihémorragique et galactogène. L'ortie s'utilise en légume tout comme les épinards. Il faut simplement choisir les pousses tendres et les plus jeunes feuilles. *Les femmes enceintes et allaitantes auront tout intérêt à la consommer.*

Le pissenlit

Le pissenlit est connu pour son action dépurative. Il contient de la taraxine, de l'inuline (40 %), de la vitamine D, de la choline et des acides divers. Le pissenlit excite la motricité musculaire et les sécrétions digestives. Il agit de même sur les glandes respiratoires, d'où son action expectorante. Les enfants ne l'apprécient guère à cause de son amertume. On l'utilisera en le mélangeant à d'autres salades.

Le poireau

De la famille des liliacées, comme l'ail et l'oignon, le poireau contient une essence composée entre autres d'un sulfure d'allyle, qui stimule légèrement les glandes digestives, augmente l'appétit et ralentit la putréfaction et la fermentation intestinales. Le poireau est riche en vitamines B et C et en minéraux tels que le phosphore, le magnésium, le potassium, le fer, la silice, le soufre et le manganèse. Le poireau est légèrement laxatif et puissamment diurétique.

Le poivron

Le poivron est très riche en provitamine A et en vitamine C. Peu élevée, sa teneur en sels minéraux correspond à peu près à celle de la plupart des légumes. Le poivron stimule la digestion et a une action positive sur la circulation sanguine.

La pomme de terre

La pomme de terre contient des vitamines B1, B3, B5, B6, C et E, et des minéraux tels que le fer, le potassium (500 mg/100 g), la silice, le sodium, le magnésium, le calcium, le zinc, le cuivre et le manganèse. Elle contient peu de protéines, mais celles-ci sont équilibrées. Si l'on ajoute un œuf coque, on obtient alors toute la chaîne des acides aminés. La solanine, alcaloïde dangereux à haute dose, ne se trouve en quantité importante que dans les tubercules germés ou ayant verdi au soleil, ce qui retire tout effet nocif à la pomme de terre normale. Cependant, il faut être vigilant dans son choix car les pommes de terre traditionnelles sont maintenant souvent ionisées en vue d'une meilleure conservation, ce qui les rend moins nutritives, plus difficiles à digérer et plus difficiles à cuire.

Les radis

Il existe deux variétés de radis : les roses ou blancs et les radis noirs. Le radis commun active les fonctions digestives, en particulier hépatique et biliaire. En consommant du jus de radis frais tous les jours pendant plusieurs mois, on peut même parvenir à dissoudre certains calculs biliaires. Le radis exerce également un effet dépuratif, laxatif et diurétique, grâce à sa teneur en raphanol. Enfin, le radis agit activement contre toutes les affections de l'appareil respiratoire.

Le respect de l'aliment

Respecter un aliment, c'est d'abord le connaître pour préférer ce qu'il y a de meilleur à ce qui est médiocre — c'est donc savoir l'acheter. C'est aussi ne pas le dénaturer en lui faisant subir des opérations agressives (épluchage, cuisson...) qui peuvent lui retirer ses propriétés les plus intéressantes quand elles ne lui en donnent pas de nocives.

Sachez acheter

Choisissez des fruits et des légumes bien fermes, avec une peau lisse, ni flétrie ni jaunie. Exigez qu'ils soient le plus complets possible ; achetez les carottes avec leurs fanes, les artichauts avec leur tige, les poireaux avec leur vert... et conservez-les tels jusqu'au moment de la préparation. Préférez les légumes et fruits de saison qui ont plus de chance d'avoir été fraîchement cueillis.

Pour les poissons, orientez-vous vers les pièces de provenance « petit bateau », théoriquement pêchées pendant la nuit, plutôt que débarquées d'un chalutier, sur lequel elles ont séjourné des jours et des jours dans la glace. Un beau poisson doit avoir la peau brillante, l'œil vif et bombé, la chair élastique : il doit sentir bon « la marée » et non pas l'ammoniaque. Évitez les filets levés d'avance, qui proviennent souvent de poissons plus tout à fait assez frais pour être vendus entiers.

Pour le pain, ne vous laissez pas séduire par la baguette si croustillante, si appétissante mais qui, le lendemain, sera, suivant le temps, dure comme une pierre ou molle comme une chiffe. Le pain blanc est fabriqué à partir d'une farine qui a subi une opération qui lui a ôté la plupart de ses principes nutritifs. Il n'y reste pratiquement que l'amidon dont les calories, au cours de la digestion, sollicitent les réserves nutritives de l'organisme qui, à terme, se dévitalise. Optez pour le pain complet obtenu par l'action de levain naturel (pâte de farine complète, écrasée à la meule de pierre et mise à reposer pendant quinze à seize heures à 20 °C) sur une farine elle-même écrasée à la meule de pierre ; les autres farines sont oxydées, mortes. Le pain au levain naturel fleure la vieille cave et le champignon, son goût est légèrement acide, sa mie est sucrée, sa croûte peu friable...

Ne pensez surtout pas qu'une huile en vaut une autre... Les huiles les plus intéressantes sont celles qui contiennent le plus d'acides gras polyinsaturés : huiles de tournesol et de germe de blé... L'huile d'olive en est assez pauvre, mais c'est la plus riche en acide oléique (acide gras monoinsaturé). Une bonne raison de varier sa consommation d'huile en restant dans la catégorie des plus riches en acides gras insaturés.

Une bonne huile doit répondre aux conditions énoncées par le Dr Catherine Kousmine :

— Elle doit émaner de graines parfaitement mûres, non traitées et provenant toujours de la dernière récolte.

— Les cultures doivent être garanties « bio » et contrôlées par un organisme tel que « Nature et Progrès » ou selon le cahier des charges Dioplampac qui a fait l'objet d'une homologation par arrêté interministériel.

— Le séchage doit être naturel, au soleil. Bien des fabricants utilisent des graines séchées en étuve à des températures atteignant 70 à 75°.

— Le stockage doit être fait à l'abri de la chaleur et les graines *non décortiquées.*

— La décortication doit se faire à partir de graines dépoussiérées.

— Le pressage doit être à froid. C'est-à-dire sans préchauffage des graines. Il se fera une seule fois, sans autre élévation de température que celle générée par le procédé lui-même. Il se fera à vitesse lente avec un pourcentage de graines non décortiquées afin d'aérer la pâte et éviter ainsi un échauffement préjudiciable à la vie enzymatique. Taux d'extraction : 25 à 30 %.

— L'huile ainsi obtenue subira une décantation normale d'environ vingt-quatre à quarante-huit heures.

— Le filtrage se fera sur papier et non sur amiante. Nous précisons qu'en Suisse le filtrage sur amiante est interdit.

— L'huile ne doit être ni raffinée, ni désodorisée par vapeur, ni neutralisée par choc thermique, ce qui est souvent pratiqué pour éviter le rancissement.

— Elle doit être conditionnée en récipient étanche à l'air et à la lumière ; remplissage à ras bord.

— Le nettoyage des presses et cuves se fera sans utilisation de produits chimiques.

Une telle huile méritera le qualificatif de « crue et naturelle » et présentera les caractéristiques suivantes :

— Son goût est spécifique de la graine dont elle est issue, garantie non raffinée.

— Elle présente une teneur minimum de 67 à 70 % d'acide linoléique cis-cis 100 %.

— Sa teneur est intacte en vitamine E dans une fourchette de 25 à 30 mg par 30 g d'huile.

— Elle conserve tous ses éléments aromatiques.

— Sa teneur en lécithine est optimale.

— Elle conservera son activité enzymatique.

Une telle huile métaboliquement active s'intègre parfaitement dans toute ligne alimentaire de prévention et réhabilitation.

D'une manière générale, préférez les produits dits biologiques. Ceux qui méritent pleinement cette appellation (produits de l'*agriculture biologique contrôlée*) sont obtenus sans utilisation de produits chimiques de synthèse et transformés et conservés sans additifs chimiques. Tous les produits vendus en rayons diététiques n'offrent pas toutes ces garanties : ils peuvent porter une étiquette « sans traitement chimique », cela ne veut pas dire qu'on ne les a pas obtenus avec des engrais chimiques. Une étiquette « sans colorant », cela ne veut pas dire « sans additif ». Une étiquette « sans engrais chimiques ni désherbants », cela n'exclut pas l'emploi éventuel de pesticides chimiques, etc. Les produits vraiment biologiques portent depuis 1984 un logo qui n'est attribué qu'à ceux qui répondent aux exigences du cahier des charges de l'agriculture biologique (code Nature et Progrès et code CINAB).

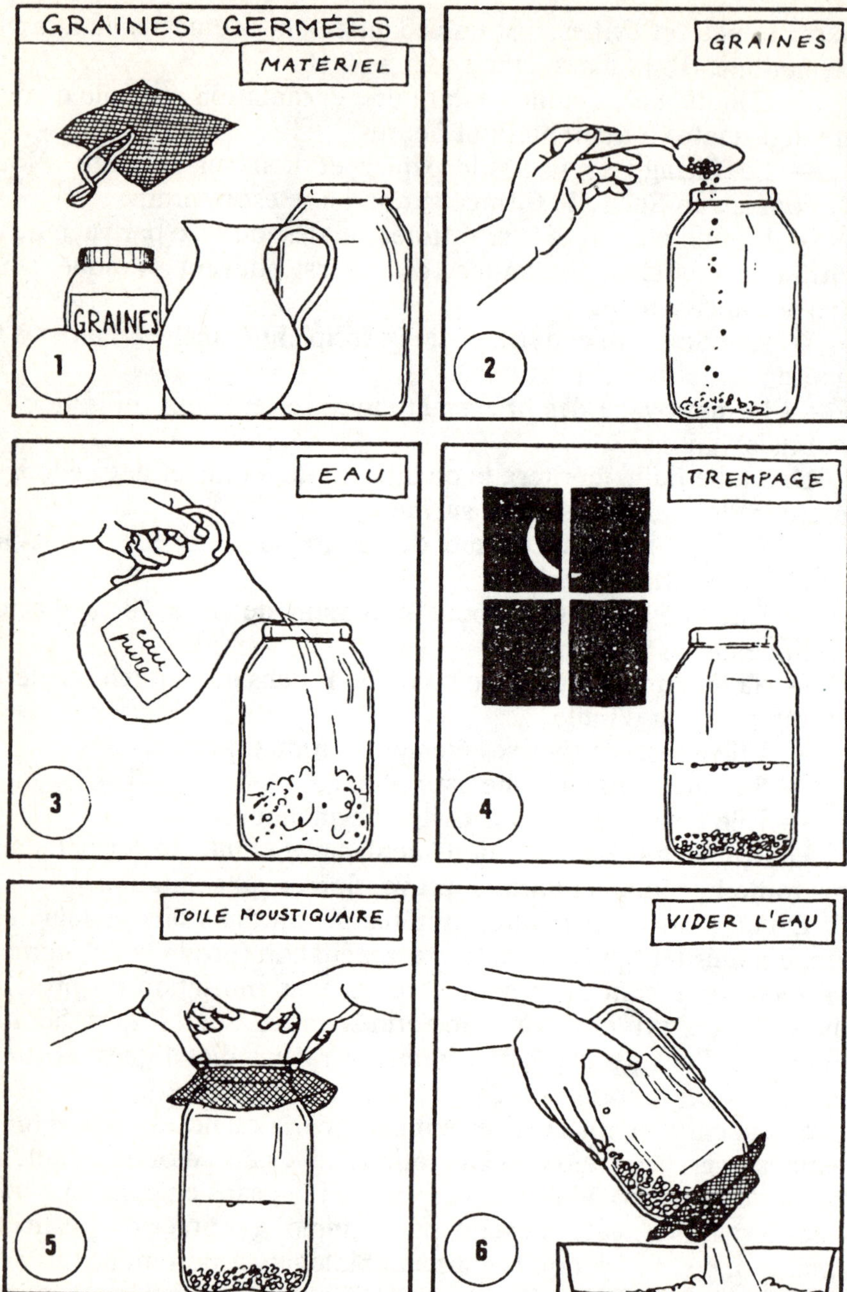
GRAINES GERMÉES
MATÉRIEL
GRAINES
1
GRAINES
2
EAU
eau pure
3
TREMPAGE
4
TOILE MOUSTIQUAIRE
5
VIDER L'EAU
6

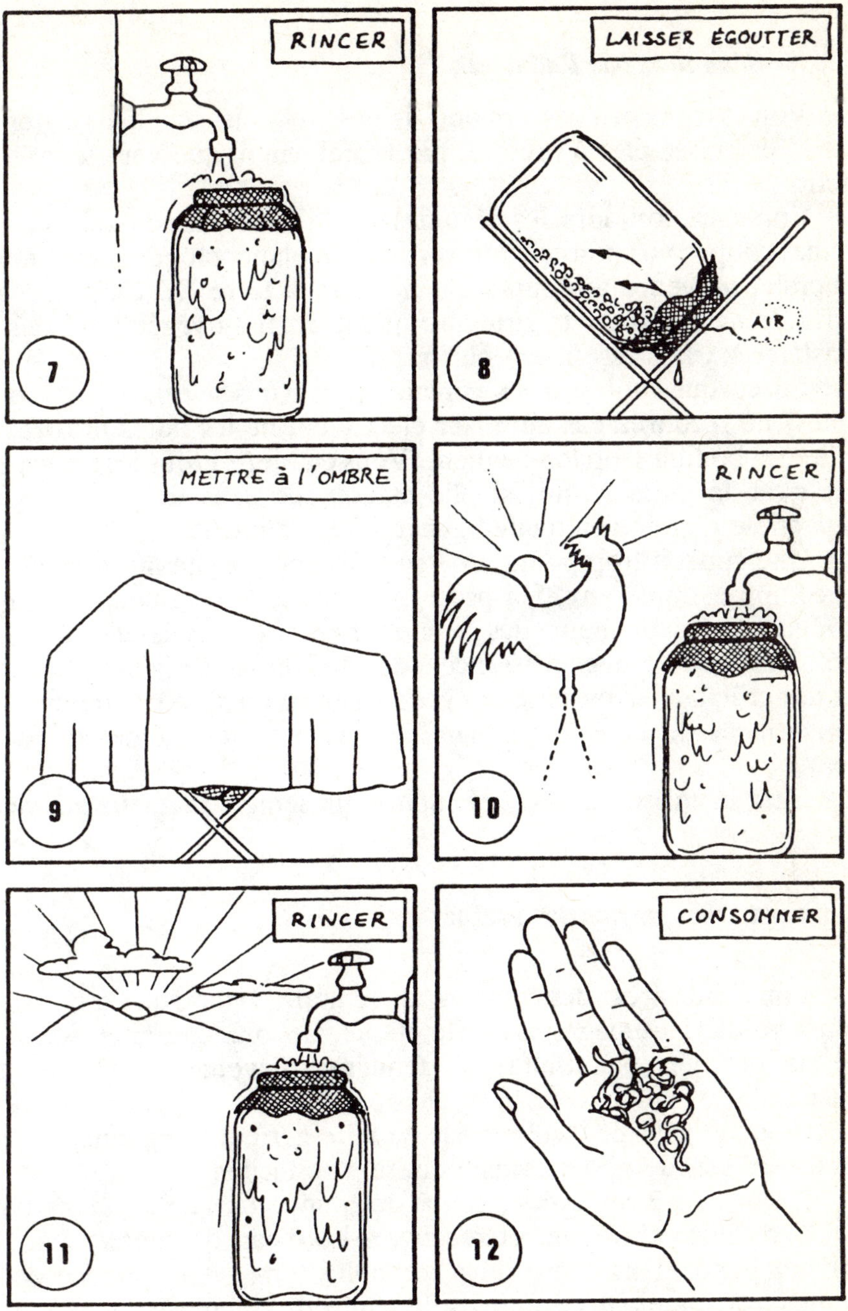

(Extrait de *Graines germées-jeunes pousses,* une révolution dans l'alimentation, du Docteur Soleil, Éditions Soleil, Genève.)

Ne dénaturez pas l'aliment

Vous avez choisi vos aliments de base selon les meilleurs critères. Ne les détruisez pas, à présent, par le traitement que vous leur ferez subir.

Épluchez toujours les légumes de la fane vers la racine. De même, coupez vos poireaux du vert vers le blanc, etc. D'une manière générale, procédez toujours « du ciel vers la terre »... C'est la seule façon de ne pas léser la structure même du tissu végétal et vous le constaterez : la cuisson sera plus rapide.

En ce qui concerne les céréales (que vous avez choisies complètes) ne recourez pas au mixer électrique, ne les faites ni frire, ni griller, ni bouillir trop longuement. Vous en tueriez tous les principes. Car c'est la cuisson qui, si elle est opérée sans doigté, est plus susceptible d'altérer la qualité générale de l'aliment.

Une cuisson trop poussée détruit enzymes et vitamines, dégrade les composés minéraux. Un processus comme la caramélisation, qui produit non seulement des odeurs flatteuses, mais des saveurs agréables, peut donner naissance à des dérivés cancérigènes. Dans le cas des grillades, la pyrolise des graisses en contact avec la flamme ou des surfaces de cuisson surchauffées présente les mêmes inconvénients.

C'est la cuisson à la *vapeur douce* qui semble la mieux adaptée.

Comment faire germer les graines

Vous choisirez des graines de culture biologique que vous trouverez dans les magasins de diététique. Les plus courantes sont : le blé, la luzerne (ou alfalfa), le fenugrec, l'avoine, le sésame, le tournesol.

Nous ne vous conseillons pas de faire germer le riz complet qui devient très acide ou le sarrasin qui se gâte facilement.

Placez 2 ou 3 cuillerées à soupe de graines dans un bocal, de type pot à confiture classique, et recouvrez-les d'eau de source. Laissez tremper pendant un temps plus ou moins long selon l'espèce de la graine. Voici quelques exemples de temps de trempage :

— Les graines à trempage long (12 à 24 heures) : haricots, soja, pois chiches, azuki.

— Les graines à trempage moyen (10 à 12 heures) : blé, fénugrec, lentilles.

— Les graines à trempage court (4 heures) : tournesol décortiqué, alfalfa, sésame.

Une fois le trempage terminé, recouvrez le bocal d'une gaze que vous maintiendrez à l'aide d'un élastique. Videz l'eau à travers la gaze qui sert de filtre et rincez abondamment sous l'eau du robinet. Une fois égouttées, mettez les graines à germer en plaçant le bocal quasiment à l'horizontale, l'ouverture un peu plus bas que le fond.

Veillez à ce que les graines soient réparties sur toute le longueur du pot et non pas entassées près de la gaze. Cette position permet le drainage de l'eau et l'aération.

Placez les graines dans un endroit sombre de votre cuisine, sinon recouvrez-les d'un linge en veillant à ce que l'air circule bien autour.

Rincez deux fois par jour. Cette pratique permet d'éliminer les déchets métaboliques des graines et de leur préserver un certain degré d'humidité.

Il existe des germoirs de forme cylindrique très pratiques à utiliser.

La germination peut durer de 2 à 6 jours selon les graines. Vous vous méfierez des graines qui n'auraient pas germé comme les autres. Mieux vaudra les jeter.

Initiation à la cuisine vapeur

LE MODE D'EMPLOI

Remplissez à moitié le récipient du bas de votre vitaliseur ou de votre couscoussier d'eau du robinet bien chaude. Vous pouvez mettre moins d'eau (2 à 3 cm si vous n'avez que peu de choses à cuire. Mais *ne mettez jamais plus de la moitié d'eau.*

Si l'eau est calcaire, nous vous conseillons d'y placer un demi-citron, avec ou sans son jus, ce qui évite les dépôts de calcaire sur les parois de votre appareil. Placez le vitaliseur couvert sur le feu le plus fort de votre cuisinière et tournez le bouton correspondant de manière à obtenir la chaleur maximale.

Faites bouillir l'eau à gros bouillons et alors seulement, vous pourrez placer vos aliments sur le tamis (la partie trouée que nous appelons l'étuveur) pour les cuire. Ne baissez jamais le feu. La température se règle d'elle-même grâce à la conception du vitaliseur (diamètre des trous, poids et forme du couvercle).

Pour ce qui concerne les autres appareils, peut-être faudra-t-il modérer le feu, mais qu'il y ait tout de même une certaine activité. S'il y a trop de vapeur dans votre cuisine, allumez votre hotte ou ouvrez votre fenêtre !

L'eau, rien que de l'eau, même non potable !

Il est inutile de saler l'eau, ou même de l'aromatiser avec des herbes. Le dégagement de vapeur est une évaporation d'eau pure : c'est le principe de la *distillation.* Vous entendrez souvent des personnes vous parler de leur poisson cuit à la vapeur de thym ou autre. L'odeur du thym est dans la pièce, mais certainement pas sur notre poisson.

A la vapeur en dessous de 100°, l'aliment transpire, rejette et ne prend pas les odeurs. Vous pouvez donc cuire en même temps des aliments différents : du poisson, à côté de viande et de fruits ; même s'ils se touchent, les goûts ne se mélangent pas. Placez une banane sur le poisson : la banane n'aura pas le goût de poisson.

Coupez vos légumes le plus fin possible

Contrairement aux idées reçues, nous vous conseillons de couper vos légumes assez finement, cela afin que la cuisson soit écourtée le plus possible. Vos végétaux ainsi ne souffriront pas d'un excès de chaleur. En revanche les viandes et les poissons gagneront à être bien épais : ils garderont ainsi leur moelleux et leur saveur originale.

Échelonnez les temps de cuisson

Si vous avez plusieurs catégories de légumes à cuire, vous pourrez tous les cuire en même temps. Il vous suffira simplement d'échelonner les temps de cuisson. Par exemple : si l'on a des pommes de terre, des carottes, des haricots verts, du céleri et des poireaux, on commencera par placer les pommes de terre, puis quatre minutes après on déposera les carottes et les haricots verts, et quatre minutes plus tard on placera le reste.

Chaque légume garde ainsi son croquant et sa couleur.

Les autres avantages de la cuisine saine à la vapeur

Vous pouvez maintenir au chaud des préparations tandis que vous cuisez d'autres aliments (par exemple, un bol avec une sauce peut chauffer au-dessus d'un lit de légumes sans altérer en rien ces derniers).

Vous pouvez faire des petits flans et autres préparations de ce genre. Il suffit, dans ce cas uniquement, que l'eau de votre vitaliseur ne boue pas. Elle doit mijoter. Donc baissez votre feu. Attention, la cuisson est beaucoup plus rapide que dans un four.

Vous pouvez faire fondre votre beurre (pour les bien portants) ou votre chocolat dans un bol, comme s'il s'agissait d'un bain-marie : l'un comme l'autre fondra sans risque de cuire.

Vous pourrez décongeler très rapidement des légumes, des fruits, des crustacés ou autres (sans pour autant en abuser... Vous savez ce que nous en pensons).

Pourquoi ne pas faire vos yaourts ? Procédez comme il est indiqué sur la notice des yaourtières ou des ferments. Il suffit de placer vos pots de yaourt sur le tamis où l'on vient juste d'éteindre le feu. Couvrez d'un linge épais et fermez le couvercle. Certains ferments n'acceptent pas une trop grande chaleur. Placez alors vos pots de yaourt au-dessus de l'eau déjà tiédie.

Vous pouvez également faire votre pain à la vapeur : Procédez à l'élaboration de votre pâte au levain naturel, puis une fois celle-ci levée, cuisez-la trente minutes à la vapeur. C'est surprenant et délicieux.

On peut également placer un papier sulfurisé huilé dans le fond du tamis du vitaliseur : posez-y votre boule de pain et couvrez. Dévissez les poignées du tamis et le bouton du couvercle. Placez l'ensemble (tamis, pain, couvercle) dans votre four froid que vous montez à 250° pendant quatre-vingt-dix minutes. La croûte de votre pain sera croustillante et fine, car le vitaliseur a entretenu une certaine humidité, comme dans les fours des boulangers professionnels, sans pour autant arroser votre pain.

COMMENT S'ORGANISER AVEC LA VAPEUR

Cuisiner, pour plusieurs personnes, tout un repas à la vapeur, alors que l'on ne dispose que d'un vitaliseur, peut sembler une gageure. Tout, en fait, est affaire d'organisation. Si vous commencez votre repas par une crudité, vous préparerez celle-ci en premier, de manière à vous ménager du temps et de l'espace pour le reste des opérations.

Votre crudité prête, vous la placerez en réserve, avec sa sauce que vous n'agiterez qu'au moment de servir. Rangez alors et nettoyez votre plan de travail et faites se succéder de la manière la plus logique les différentes opérations de cuisson à la vapeur.

Si tout votre plat, viande ou poisson et garniture, peut loger sur le tamis du vitaliseur, pas de problème. Vous y placerez les différents ingrédients en tenant compte de leurs temps de cuisson respectifs. Si la masse totale du plat excède les capacités du tamis, vous pouvez faire cuire les légumes à l'avance puis, tandis que ce sera le tour de la viande, placer ceux-ci au chaud dans le four (thermostat 1 à 3, c'est-à-dire moins de 100°) en prenant la précaution de les recouvrir d'une toile humide pour éviter qu'ils ne se dessèchent. Vous pouvez, à l'inverse, précuire votre viande et la placer au four à 100° tandis que vous vous occuperez de la cuisson des légumes.

Par exemple, un gigot passé dix minutes à la vapeur continuera à suer dans le four et y prendra petit à petit une coloration appétissante… C'est au moment où les légumes (ou la viande) seront en train de cuire, tandis que la viande (ou les légumes) déjà cuite séjournera dans le four, que vous confectionnerez la sauce qui les accompagnera. Ainsi l'ensemble de votre plat arrivera-t-il en même temps au terme de sa préparation…

LES RECETTES

 Recettes pour l'enfant.

 Recettes pour la femme enceinte.

 Recettes pour l'enfant et la femme enceinte.

Les boissons

Ces boissons seront toujours obtenues à partir de produits frais et de préférence biologiques.

Pour ce qui concerne les jus de légumes, nous vous conseillons de les élaborer avec des légumes crus. Pour le bébé, vous n'introduirez la cuisson qu'à partir du sixième mois ou plus si vous continuez de l'allaiter.

LES JUS DE FRUITS

50 % pomme + 50 % orange
50 % pomme + 50 % abricot
50 % pomme + 50 % poire
100 % pêche
50 % pêche + 50 % framboise
40 % pêche + 30 % framboise + 30 % fraise
40 % pêche + 30 % framboise + 30 % banane
40 % pêche + 20 % prune + 20 % framboise + 20 % banane
50 % orange + 50 % banane

Pressez les fruits qui peuvent l'être et centrifugez les autres. Ce n'est qu'à partir du quatrième mois que vous pourrez mixer ces fruits avec leur pulpe. Quand vous en serez à ce mode de préparation, nous vous suggérons d'ajouter à chaque fois le jus d'un demi-citron, cela afin d'éviter une oxydation trop rapide.

(dès le troisième mois)

LES JUS DE LÉGUMES

100 % carotte
50 % carotte + 50 % orange
80 % carotte + 20 % céleri branche

50 % carotte + 50 % tomate
50 % carotte + 50 % pomme
50 % carotte + 30 % pomme + 20 % orange
100 % betterave

Les autres légumes sont difficilement buvables en jus. Vous les préférerez en bâtonnets de crudités ou alors cuits et mixés, à partir du sixième mois.

(à partir du quatrième mois)

LE LAIT DIT « DE POULE »

1 œuf de poule • 1 cuillerée à café de miel ou de sucre complet • 20 cl de lait de vache ou de lait d'amandes ou de lait de soja • Cannelle, ou vanille en poudre.

Battez le jaune d'œuf avec le sucre ou le miel, puis délayez petit à petit avec le lait choisi légèrement tiédi.

Aromatisez et servez.

Vous pouvez varier et enrichir en mixant une demi-banane avec le mélange que l'on veillera alors à moins sucrer.

(dès le sixième mois)

LE LAIT BANAMIEL

20 cl de lait de vache ou de soja ou d'amandes • 1/2 orange • 1/2 banane • 1 cuillerée à café de miel.

Mixez l'orange avec la banane et le miel. Ajoutez au mélange le lait choisi tiédi. Versez le mélange homogène dans le biberon de bébé.

(dès le quatrième mois)

LAIT DE POULE AU TILLEUL

1 petite poignée de tilleul sec • 1 œuf • 20 cl de lait de vache ou de soja • 1 cuillerée à café de miel ou de sucre complet.

Montez le lait choisi à ébullition et placez le tilleul dans le liquide chaud. Laissez infuser une dizaine de minutes. Pendant ce temps, battez le jaune d'œuf avec le miel ou le sucre, puis délayez le lait infusé petit à petit, en mélangeant bien. Jetez les brindilles de tilleul. Versez le mélange homogène dans le biberon de bébé.

(dès le sixième mois)

LAIT DE POULE AU VERT

20 cl de lait de vache ou de soja • 1 œuf • 1 bouquet de fines herbes fraîches (persil, basilic, cerfeuil, estragon, etc.).

Lavez soigneusement les herbes et mixez-les avec une petite partie du lait pour faciliter l'opération.

Une fois mixé, ajoutez le reste du lait et faites légèrement chauffer.

Pendant ce temps, battez légèrement le jaune d'œuf et versez petit à petit le lait infusé tiédi.

Tamisez éventuellement s'il reste de petits brins d'herbes, et versez le mélange homogène dans le biberon.

(dès le sixième mois)

LES LAITS AUX FRUITS

20 cl de lait de vache ou de soja ou d'amandes • 80 g de fruits de saison au choix (fraises, framboises, abricots, pêche, ananas, mangue, banane, noix de coco, poire, prunes, reines-claudes, etc.) • 1 cuillerée à café de sucre complet si nécessaire.

Mixez le fruit lavé et épluché avec le lait choisi. Éventuellement, tamisez et versez dans le biberon. A partir du sixième mois, on peut ajouter au mélange une cuillerée à café de blé germé mixé.

(dès le cinquième mois)

Les fonds

Les fonds sont la clef de voûte de notre cuisine douce. Ce sont des préparations saines et complètes, car les éléments qui servent à leur confection contiennent du calcium, du phosphore et autres principes nutritifs. En effet, la viande et le poisson sont des aliments incomplets. Il faudrait manger les os pour récupérer les éléments minéraux qu'ils contiennent. C'est la confection de ces fonds qui permet une récupération de ces nutriments essentiels. Ainsi, la viande ou le poisson accompagné d'une sauce à base de fond devient un aliment complet et dynamisant.

N.B. Il ne faut jamais saler un fond. Il ne faut jamais couvrir la casserole pendant le mijotage.

LE FOND BLANC

Pour 1 l de fond : **2 carottes • 2 fanes de poireaux • 1 oignon non épluché • 1/2 tête d'ail non épluchée • Quelques fanes de céleri en branche.**

Lavez sous le robinet tous ces éléments et mettez-les à cuire à la vapeur 5 minutes afin de les *épurer.*

Placez-les ensuite dans une grande casserole contenant 1,5 l d'eau tiède. Montez à ébullition sans bouillir et laissez mijoter 30 à 40 minutes. Au bout de ce temps, filtrez le bouillon obtenu à travers un tamis fin. Vous obtenez un fond blanc qui peut servir de base à tous vos potages, ou se consommer tel quel.

Vous pouvez éventuellement en congeler une partie en versant le liquide refroidi dans un bac à glaçons que vous placerez dans votre congélateur. Ne le gardez pas congelé plus d'un mois.

LE FOND DE VOLAILLE

Pour 1 l de fond : **1 carcasse de volaille • 2 oignons non épluchés • 2 fanes de poireaux • 1 tête d'ail non épluché • Les fanes d'un demi-pied de céleri en branche • 5 tomates • Thym, laurier.**

Lavez tous les légumes sous l'eau courante. Coupez les oignons en deux dans le sens de la longueur et les têtes d'ail en deux dans le sens de la largeur.

Placez tous les ingrédients à la vapeur pendant 5 minutes pour les légumes, 10 minutes pour la carcasse de volaille. Mettez ensuite le tout dans une grande casserole avec 1,5 l d'eau. Montez à ébullition sans laisser bouillir et laissez mijoter 1 heure à découvert.

Au bout de ce temps, filtrez à travers un tamis en jetant les résidus de légumes et de volaille.

Ce fond peut se conserver quelques jours au réfrigérateur. Vous pouvez également verser le liquide refroidi dans un bac à glaçons et le congeler vous-même. Ne le gardez pas congelé plus d'un mois.

LE FOND DE VEAU

Pour 1 l de fond : **500 g d'os et de cartilages de veau • 2 carottes • 2 fanes de poireaux • 2 oignons non épluchés • 1 tête d'ail non épluchée • Une dizaine de branches de persil • 2 clous de girofle.**

Lavez tous les légumes sous l'eau courante. Coupez les oignons en deux dans la longueur et la tête d'ail en deux dans la largeur.

Placez tous les ingrédients à la vapeur douce pendant 5 minutes pour les légumes, 10 minutes pour les os de veau. Mettez ensuite le tout dans une grande casserole avec 1,5 l d'eau tiède. Montez à ébullition sans bouillir et laissez mijoter 1 heure sans couvrir.

Au bout de ce temps, filtrez à travers un tamis en jetant les résidus.

Ce fond peut se conserver quelques jours au réfrigérateur. Vous pouvez également verser le liquide refroidi dans un bac à glaçons et le congeler vous-même.

Ne le gardez pas congelé plus d'un mois.

LE FOND DE POISSON

Pour 1 l de fond : **300 g d'arêtes et de têtes de poissons • 2 oignons • 2 verts de poireaux • 1 bouquet garni • 1/4 l de vin blanc.**

Épluchez les oignons et coupez-les en quatre. On enlève ici la peau, pour éviter la coloration du fond. Lavez tous les légumes sous l'eau courante. Nettoyez les têtes et les arêtes de poissons sous l'eau et placez-les à la vapeur afin d'en éliminer le sang. Puis mettez le tout dans une grande casserole, versez le vin blanc et couvrez d'eau tiède.

Portez à ébullition sans faire bouillir. Ajoutez alors le bouquet garni. Laissez mijoter 20 à 30 minutes à découvert. Au bout de ce temps, filtrez à travers un tamis en jetant les résidus de légumes et de poissons.

Ce fond peut se conserver quelques jours au réfrigérateur. Vous pouvez également verser le liquide refroidi dans un bac à glaçons et le congeler vous-même.

Ne le gardez pas congelé plus d'un mois.

Les soupes

On répète souvent aux enfants : « Mange ta soupe pour grandir ! » laissant à penser par là que la soupe constitue un plat essentiel pour la croissance et la santé. Peut-être était-ce le seul moyen de faire manger des légumes aux enfants, étant donné que ceux-ci les rejetaient souvent naturellement. D'un simple bouillon, peu calorique, la soupe peut devenir un vrai plat complet pour peu que l'on y ajoute pommes de terre, céréales, œufs, crèmes, fromages, poissons, viandes, soja...

L'enfant préférera les soupes mixées, mais habituez-le à les consommer avec des légumes coupés en morceaux. En effet, il aura tendance à avaler directement un potage mixé et celui-ci sera moins digeste par manque d'insalivation, alors que si la préparation contient des morceaux, cela contraint le bébé à mâcher avec ses gencives dans un premier temps, puis avec ses dents quand celles-ci commencent à sortir.

Nos soupes sont élaborées de deux façons : en un temps ou en deux temps. Les légumes des soupes en un temps sont cuits à la vapeur douce et mixés directement. Les légumes des soupes en deux temps sont cuits à la vapeur, et les fanes et épluchures de ces légumes sont épurées à la vapeur, puis mis à mijoter dans une bonne quantité d'eau, afin d'en obtenir un bouillon, c'est-à-dire un fond qui servira de base à de multiples préparations.

LE BOUILLON DE LÉGUMES

Fanes de poireaux (2 à 3) • 2 carottes non épluchées • 1 oignon non épluché • 1 branche de céleri • 2 branches de persil • 1 navet non épluché (facultatif).

Lavez rapidement tous ces ingrédients sans les éplucher, coupez-les grossièrement et épurez-les 5 minutes à la vapeur douce. Au bout de ce temps, placez les ingrédients dans une casserole contenant 2 litres d'eau pure (si possible une eau de source). Montez à ébullition *sans bouillir* et laissez mijoter pendant une heure. Quand le bouillon est bien infusé et *goûteux,* filtrez-le et jetez les légumes ayant servi à sa confection : ils sont devenus des produits *morts* ayant donné toute leur vitalité au bouillon. Ce bouillon peut se garder plusieurs jours au frais.

Vous pourrez procéder ainsi avec des légumes divers afin d'habituer petit à petit le palais de bébé.

Par exemple avec de la laitue, du cresson, des épinards, des haricots verts, etc.

CRÈME D'ARTICHAUT

1 artichaut • 30 g de millet cuit • 1 cuillerée à café de purée d'amandes • 1 cuillerée à café de comté râpé.

Cuisez l'artichaut 30 minutes à la vapeur douce. Vous n'utiliserez que le cœur. Mixez celui-ci avec le millet et la purée d'amandes en ajoutant de l'eau de source jusqu'à obtenir la consistance souhaitée.

Versez dans un bol et saupoudrez de comté râpé.

(à partir de 8 mois)

CRÈME D'ASPERGES

4 pointes d'asperges • 1 pomme de terre • 1 cuillerée à café de fromage blanc maigre.

Épluchez les asperges de haut en bas en commençant par la pointe. Épluchez la pomme de terre en commençant par la partie la plus pointue. Cuisez le tout à la vapeur douce pendant 20 minutes, puis mixez en ajoutant de l'eau de source jusqu'à obtention de la consistance voulue. Ajoutez le fromage blanc.

Vous pouvez procéder de la même façon en remplaçant les asperges par un blanc de poireau.

(à partir de 6 mois)

CRÈME DE CAROTTE

2 carottes • 1 tomate • 1 cuillerée à café de purée d'amandes ou bien une cuillerée à soupe de fromage blanc maigre.

Passez la tomate une minute à la vapeur douce, puis enlevez la peau qui vient toute seule. Éliminez les pépins. Épluchez les carottes et coupez-les en morceaux, puis cuisez-les 20 minutes à la vapeur. Avant la fin de la cuisson, placez la tomate 5 minutes à la vapeur. Mixez le tout en ajoutant la purée d'amandes ou le fromage blanc. Allongez selon le goût avec de l'eau de source.

(à partir de 4 mois)

POTAGE AUX CHAMPIGNONS

50 g de champignons de Paris • 1 blanc de poireau • 20 cl de fond de volaille • 1 cuillerée à café de purée d'amandes • 2 branches de persil plat.

Coupez les pieds sableux avant de rincer rapidement les champignons sous l'eau. Coupez le blanc de poireau en gros tronçons et cuisez le tout 10 minutes à la vapeur douce. Passez au mixer, puis versez dans le fond de volaille que vous ferez doucement tiédir. Diluez la purée d'amandes dans le potage et parsemez, au moment de servir, de persil finement coupé.

Vous pourrez remplacer la purée d'amandes par une cuillerée de crème fraîche allégée, à partir de 9 mois.

(à partir de 6 mois)

CRÈME DE CHOU-FLEUR

100 g de chou-fleur • 20 cl de fond de volaille.

Cuisez le chou-fleur 20 minutes à la vapeur douce puis mixez-le. Délayez avec le fond de volaille tiédi. Vous pouvez ajouter une cuillerée à café de purée d'amandes ou une cuillerée à soupe de fromage blanc maigre.

Vous pouvez également ajouter à cette préparation 1 cuillerée à soupe de céréales complètes cuites (orge, millet, riz, avoine).

Vous pouvez assaisonner avec de la noix de muscade ou du persil plat ciselé.

(à partir de 8 mois)

CRÈME DE CÉLERI

100 g de céleri-rave épluché • 20 cl de fond de volaille • 1 cuillerée à café de purée d'amandes.

Épluchez le céleri. Coupez-le en dés et cuisez 20 minutes à la vapeur douce. Mixez ensuite avec la purée d'amandes et délayez petit à petit avec le fond de volaille tiédi. Vous pouvez assaisonner avec un peu de noix de muscade ou de fenouil en poudre.

Pour enrichir cette crème, vous pouvez procéder comme pour la crème de chou-fleur en ajoutant une céréale complète cuite ou un jaune d'œuf épuré.

(à partir de 8 mois)

CRÈME DE COURGETTE

1 courgette • 2 cuillerées à soupe de fromage blanc maigre • 1 gousse d'ail.

Coupez la courgette en quatre dans la longueur, puis en deux dans la largeur. Enlevez le trognon. Épluchez l'ail et enlevez le germe. Cuisez le tout 20 minutes à la vapeur, puis mixez en allongeant avec de l'eau de source. Ajoutez le fromage blanc en remuant bien.

Cette crème peut se manger en purée ou en potage. On peut y ajouter du fenouil en poudre.

(à partir de 5 mois)

POTAGE DE CRESSON À L'ŒUF

1 grosse poignée de cresson • 1 pomme de terre moyenne • 1 jaune d'œuf.

Triez le cresson et lavez-le soigneusement. Pelez la pomme de terre en commençant par le bout le plus pointu et coupez-la en rondelles afin qu'elle cuise plus vite. Placez les légumes à la vapeur douce et laissez cuire 10 à 15 minutes. Au bout de ce temps, mixez en ajoutant de l'eau de source jusqu'à l'obtention de la consistance voulue. Battez le jaune d'œuf dans un bol, puis versez progressivement le potage tiède en mélangeant bien.

Vous diluerez un peu plus le potage si vous devez le donner au biberon à votre bébé.

(à partir de 6 mois)

CRÈME D'ENDIVES

1 belle endive • 1 pomme de terre moyenne • 1/2 citron • 1 cuillerée à café de sucre complet • 1 cuillerée à soupe de fromage blanc maigre.

Épluchez l'endive et coupez-la en quatre dans la longueur. Citronnez-la largement afin qu'elle reste bien blanche. Épluchez la pomme de terre en commençant par le bout le plus pointu et coupez-la en morceaux. Cuisez le tout à la vapeur douce 20 minutes, puis mixez. Ajoutez le fromage blanc et le sucre. Allongez ou non d'eau de source.

(à partir de 4 mois)

POTAGE D'ÉPINARDS

1 grosse poignée d'épinards • 1 pomme de terre moyenne • 1 cuillerée à soupe de fromage blanc maigre.

Triez les épinards, lavez-les sous l'eau courante et coupez les pétioles au ras du limbe. Pelez la pomme de terre en commençant par le bout le plus pointu et coupez-la en rondelles afin qu'elle cuise plus vite. Placez les légumes 15 minutes à la vapeur douce. Au bout de ce temps, mixez en ajoutant de l'eau de source jusqu'à l'obtention de la consistance voulue. Versez dans un bol, puis ajoutez le fromage blanc en remuant bien.

Cette préparation sera donnée au bébé à la cuillère. L'hiver, vous pourrez ajouter 1 cuillère à soupe rase d'une céréale complète, cuite et mixée.

(à partir de 6 mois)

CRÈME DE LAITUE

1 laitue bien verte • 2 branches de persil plat • 1 jaune d'œuf • 2 cuillerées à soupe de lait • Une tombée de jus de citron.

Épluchez et lavez la laitue, puis coupez-la en gros quartiers. Lavez le persil. Cuisez le tout 15 minutes à la vapeur douce, puis mixez. Dans un bol, délayez le jaune d'œuf avec le lait et quelques gouttes de jus de citron. Ajoutez la crème de laitue en remuant bien pour ne pas cuire l'œuf.

(à partir de 9 mois)

CRÈME DE LENTILLES

50 g de lentilles • 1 carotte • 1 oignon • 2 branches de persil plat • tamari • 1 cuillerée à café d'huile de tournesol.

Faites germer les lentilles en les trempant dans une eau de source 2 ou 3 jours à l'avance. Épluchez la carotte en commençant par le bout le plus large du légume. Puis coupez-la en rondelles d'un demi-centimètre. Épluchez l'oignon, émincez-le et cuisez le tout 15 minutes à la vapeur.

Vous pouvez servir cette préparation de deux façons :

— Une fois les légumes cuits, mixez-les en ajoutant de l'eau de source jusqu'à obtenir la consistance voulue, ciselez le persil au dernier moment et assaisonnez avec quelques gouttes de tamari et l'huile de tournesol. Ne réchauffez pas !

— Une fois les légumes cuits, plongez-les dans 20 cl d'eau de source que vous chaufferez doucement pendant 5 minutes. Au moment de servir, ciselez le persil et saupoudrez-en le potage. Assaisonnez avec le tamari et l'huile de tournesol. Vous pouvez remplacer l'eau de source par un fond blanc que vous aurez préparé auparavant.

(à partir de 9 mois)

SOUPE AU PISTOU

10 haricots verts • 1 petite courgette • 1 tomate • 1 pomme de terre • 1 cuillerée à soupe de haricots blancs dits « coco » • 1 gousse d'ail • Quelques feuilles de basilic haché • 1 cuillerée à soupe de comté râpé ou de parmesan • 1 cuillerée à café d'huile d'olive • 1 cuillerée à soupe de coquillettes complètes.

La veille, faites tremper les haricots secs dans de l'eau de source. Le jour de la préparation, cuisez-les 20 minutes à la vapeur, puis faites-les mijoter un quart d'heure à une demi-heure dans un demi-litre d'eau de source, selon que vous les voulez plus ou moins tendres. Ajoutez les coquillettes 10 minutes avant la fin de la cuisson.

Épluchez les haricots verts et coupez-les en tronçons d'un centimètre. Coupez la courgette en rondelles. Épluchez la pomme de terre en commençant par le bout le plus pointu et coupez-la en petits dés. Coupez la tomate en quartiers et enlevez les pépins. Épluchez l'ail et enlevez le germe. Faites-le épurer à la vapeur douce pendant 1 minute, puis placez-le dans un bol. Cuisez tous les légumes en même temps à la vapeur pendant 15 minutes.

Pendant ce temps, écrasez l'ail, mélangez-le au fromage râpé et au basilic haché et ajoutez l'huile d'olive.

Placez les légumes vapeur dans le bouillon de mijotage des haricots et des pâtes et laissez frémir pendant 5 minutes. Pour servir, versez le potage sur la crème de pistou et remuez. En général, les enfants en raffolent. Ce serait dommage de mixer un tel potage.

(à partir de 9 mois)

CRÈME DE POIS CASSÉS

50 g de pois cassés • 1 carotte • 1 blanc de poireau • 4 cuillerées à soupe de lait d'amandes ou de soja • Quelques gouttes de tamari • Quelques brins de persil plat • 50 cl de fond de volaille.

Faites tremper les pois cassés la veille dans de l'eau de source. Le jour de la préparation, cuisez-les 20 minutes à la vapeur, puis faites-les mijoter dans le fond de volaille pendant un quart d'heure.

Épluchez la carotte en commençant par le bout le plus large et coupez-la en rondelles d'un demi-centimètre. Coupez le poireau en petits tronçons de 2 mm. Cuisez 10 à 15 minutes la carotte et le poireau 5 minutes. Une fois cuits, plongez les légumes dans le bouillon et laissez mijoter 5 minutes. Ajoutez le lait choisi.

Ce potage peut se déguster mixé ou non. Saupoudrez au dernier moment de persil et assaisonnez avec le tamari.

(à partir de 9 mois)

CRÈME DE POTIRON

100 g de potiron ou citrouille ou potimarron • 2 cuillerées à soupe de fromage blanc maigre ou 1 cuillerée à soupe de purée d'amandes • 1 pincée de noix de muscade (facultatif).

Coupez le potiron en morceaux et enlevez les graines. Vous pouvez ne pas l'éplucher car la peau, une fois cuite, est très tendre et pas du tout fibreuse. Cuisez une bonne vingtaine de minutes à la vapeur douce, puis mixez. Votre enfant peut déguster cette crème, soit sous forme de purée, soit sous forme de potage. Ajoutez le fromage blanc ou la purée d'amandes et la noix de muscade. Allongez, si vous le désirez, avec de l'eau de source.

(à partir de 5 mois)

POTAGE AUX CÉRÉALES

50 g d'amandes en poudre • 25 g de grains de blé • 25 g d'orge • 10 g de flocons d'avoine maison • 1 poireau • 1 navet • 1/2 l de fond blanc • Persil plat.

Faites prégermer le blé et l'orge. Cuisez-les 30 minutes à la vapeur.

Montez à ébullition un fond ou de l'eau, sans bouillir, et versez petit à petit dans un grand bol sur la poudre d'amandes. Écrasez au pilon jusqu'à obtention d'une pommade onctueuse qu'on remettra à chauffer en remuant à la spatule. Coupez le poireau en julienne et mettez-le 2 minutes à la vapeur avec le blé et l'orge, puis incorporez le tout au lait d'amandes. Laissez mijoter 10 minutes avant d'ajouter en remuant les flocons d'avoine. Faites mijoter encore 5 minutes. Ajoutez au dernier moment les navets coupés en julienne et passés 2 minutes à la vapeur. Parsemez de persil.

(à partir de 18 mois)

SOUPE AU SARRASIN ET AU CHOU

Pour 4 personnes : **150 g de sarrasin • 1/2 chou vert • 1 oignon • 1/2 litre de lait d'amandes • 2 cuillerées à soupe d'huile d'olive • Une dizaine de feuilles de menthe • 1 litre d'eau pure • Assaisonnement.**

Faites tremper le sarrasin quelques heures dans de l'eau tiède. Coupez le chou en quartiers, lavez-le et laissez-le cuire 10 minutes à la vapeur douce. Émincez l'oignon, passez-le 3 minutes à la vapeur, puis versez-le dans une cocotte à fond épais dans laquelle vous aurez fait chauffer très doucement l'huile d'olive.

Cuisez 10 minutes le sarrasin à la vapeur puis ajoutez-le dans la cocotte avec l'oignon. Remuez bien afin de bien décoller la céréale. Ajoutez enfin l'eau, le lait d'amandes et le chou. Laissez mijoter 30 minutes en veillant à ne pas laisser bouillir.

Au moment de servir, saupoudrez de menthe hachée, rectifiez l'assaisonnement et servez.

SOUPE AUX FLOCONS D'AVOINE

Pour 4 personnes : **4 cuillerées à soupe de flocons d'avoine préparés par vous-même • 1,5 l de bouillon de légumes • 4 poireaux • 1 oignon • 2 cuillerées à soupe de purée d'amandes ou, si vous avez une forte constitution, 3 cuillerées à soupe de crème à 15 % • 3 brins de persil.**

Coupez les poireaux en deux dans le sens de la longueur, lavez-les et coupez-les en tronçons de un centimètre. Émincez l'oignon. Faites cuire l'ensemble 15 minutes à la vapeur. Versez les légumes cuits dans une cocotte contenant l'huile d'olive, puis faites chauffer doucement.

Vous aurez fabriqué vous-même vos flocons avec une floconneuse, et vous les placerez dans la cocotte avec les légumes. Remuez bien puis couvrez avec le bouillon chaud. Laissez mijoter sans bouillir pendant 15 minutes. Au moment de servir, rectifiez l'assaisonnement, ajoutez la purée d'amandes délayée ou la crème et saupoudrez de persil haché.

(enfants à partir de 2 ans)

Entrées et salades

VARIATIONS AUTOUR D'UN YAOURT, D'UN PETIT-SUISSE OU DE FROMAGE BLANC

Bien entendu, au départ vous tenterez de faire goûter au bébé ces laitages nature, sans sucre du tout. S'il faisait vraiment la grimace, voici des suggestions de variations.

1 cuillerée à café d'un des éléments suivants :

— Sucre complet ;
— Miel liquide ;
— Confiture maison ;
— Coulis de fruits frais ;
— Compote maison ;
— Purée de noisettes ;
— Noix de coco râpée ;
— Chocolat noir râpé diététique ;
— Jus d'orange ou jus de citron ;
— Eau de fleur d'oranger ;
— 1 cuillerée à soupe de fines herbes (persil, ciboulette, estragon, cerfeuil, basilic, aneth) ;
— 1/2 pomme râpée crue et un jus de citron ;
— 1/2 carotte râpée crue et un jus de citron ;
— Noix ou amandes hachées ;
— Quelques radis hachés crus ;
— 1 sardine cuite à la vapeur, hachée, et un jus de citron.

FROMAGE ROSE

100 g de fromage blanc maigre ou à 20 % • 6 radis roses • 2 feuilles de laitue bien vertes • 1 tombée de jus de citron.

Épluchez les radis en enlevant la petite barbe, les irrégularités, mais conservez-en les fanes bien fraîches. Lavez soigneusement les feuilles de salade dans une eau légèrement vinaigrée, sans laisser tremper. Placez les radis avec leurs fanes, les feuilles de salade et le fromage blanc dans le mixer. Ajoutez le jus de citron et mixez de façon à obtenir une crème.

(à partir de 6 mois)

HUÎTRES CHAUDES

Par personne : **6 huîtres • 1 échalote • 2 cuillerées à soupe de vinaigre de vin • 1 cuillerée à soupe de crème allégée • 200 g d'épinards.**

Ce plat, très simple à réaliser, est tellement vite préparé qu'il vaudra mieux le confectionner au dernier moment.

Commencez par faire la sauce : émincez l'échalote, épurez-la 30 secondes à la vapeur, puis placez-la dans une casserole avec le vinaigre. Faites réduire à sec sur feu moyen. Quand il n'y a plus de liquide, ajoutez la crème. Portez à ébullition et éteignez. Cuisez les épinards 3 à 5 minutes à la vapeur, puis égouttez-les.

Placez les huîtres entières encore fermées sur le tamis de votre vitaliseur pour les ouvrir à la vapeur. Le temps nécessaire, environ 30 secondes, dépend de la variété et de la fraîcheur de vos huîtres. De toute façon, vérifiez au bout de 30 secondes. Terminez l'ouverture hors du feu. Pour servir, placez les épinards tièdes dans le fond de votre assiette, disposez dessus les huîtres ouvertes et arrosez celles-ci de la sauce à la crème. C'est délicieux !

SALADE DE CHOU CRESSONNETTE

Pour 4 personnes : **1 botte de cresson • 1/2 petit chou vert • 2 navets • 2 échalotes • 1 botte de radis rouge • 200 g de blanc de poulet cuit à la vapeur • 1 yaourt • 1 cuillerée à café de moutarde diététique • 1/2 citron • 1 cuillerée à soupe d'huile de tournesol • Persil plat • Estragon.**

Lavez le chou et émincez-le en fines lanières.

Enlevez la pointe du radis. Si les feuilles sont bien vertes et très fraîches, on peut les conserver. Sinon coupez-les en laissant juste 2 à 3 centimètres de queue. (Il ne faut jamais couper les radis en forme de fleur ou en baguette car il se détruit immédiatement par oxydation.)

Lavez le cresson dans une eau vinaigrée, coupez les racines et ne gardez que les bonnes feuilles avec 2 centimètres de tige.

Épluchez et râpez les navets à la mandoline.

Émiettez le poulet.

Préparez votre sauce en délayant le yaourt avec la moutarde, le jus de citron et l'huile.

Ajoutez les échalotes hachées et les herbes ciselées, et mélangez.

Servez en disposant joliment les divers éléments. La sauce sera servie à part dans une saucière.

SALADE DE CHOU-FLEUR SAUCE ORANGE

Pour 4 personnes : 1 laitue • 1/2 chou-fleur • 1 gros poireau • 1 pomme granny • 1 orange • 150 g de blanc de pintade cuit à la vapeur • 1 yaourt • Ciboulette.

Lavez le chou-fleur et coupez-le en petits bouquets que vous passerez 2 minutes à la vapeur. Ne prenez que le blanc de poireau. Coupez-le en deux dans la longueur, lavez-le soigneusement et émincez-le dans l'autre sens en très fines lanières de 1 mm. Épurez 1 minute à la vapeur. Épluchez la pomme et coupez-la en fines lamelles. Épluchez et lavez la laitue. Émincez le blanc de volaille.

Préparez la sauce en délayant le yaourt avec le jus d'orange. Ajoutez le poireau émincé et la ciboulette hachée. Assaisonnez. Disposez joliment les ingrédients pour servir.

SALADE DE CHOU ROUGE AUX FRUITS ET AUX NOIX

Pour 4 personnes : 1 avocat • 1/2 chou rouge • 1 banane mûre mais pas blette, 1 pomme granny • 2 cuillerées à soupe de jus de citron • 3 cuillerées à soupe d'huile de noix • 1 cuillerée à soupe de vinaigre balsamique • 1 cuillerée à soupe de miel • 25 g de cerneaux de noix.

Émincez le chou en fines lanières. Épluchez la pomme et coupez-la en petits dés. Épluchez la banane, coupez-la en deux dans la longueur, puis en petits dés. Épluchez l'avocat en enlevant le noyau et la peau, puis émincez-le.

Préparez la sauce en mélangeant le jus de citron avec le miel, le vinaigre et l'huile de noix. Salez légèrement.

Présentez la salade en alternant les couleurs et en présentant joliment. Décorez avec des lanières d'avocat et les cerneaux de noix, puis assaisonnez. Cette préparation s'oxyde très vite : consommez-la rapidement.

(enfants à partir de 18 mois)

SALADE DE HARICOTS FRAIS

Pour 4 personnes : 1 salade de saison • 150 g de haricots blancs frais épluchés • 150 g de haricots rouges frais épluchés • 2 courgettes moyennes • 1 carotte • 4 gousses d'ail • 2 cuillerées à soupe de basilic haché • 3 cuillerées à soupe d'huile de tournesol • Assaisonnement.

Cuisez les haricots 30 minutes à la vapeur. S'il s'agit de haricots secs, vous les ferez tremper et prégermer 2 jours à l'avance.

Plongez-les une fois cuits dans l'eau froide. Épluchez la salade. Coupez les deux extrémités des courgettes, ouvrez-les en deux, puis émincez finement en demi-lunes dans l'autre sens. Épluchez la carotte en commençant par le bout le plus large, puis émincez finement en demi-lunes dans l'autre sens.

Préparez votre sauce en épluchant l'ail, enlevez le germe et épurez les gousses 30 secondes à la vapeur. Écrasez-le ensuite dans un mortier avec le basilic et un peu de gros sel. Ajoutez l'huile de tournesol en filet. On peut toujours allonger la sauce en ajoutant un peu d'eau de source.

Mélangez les haricots avec les légumes et la sauce. Servez en plaçant la salade autour du plat et le mélange de haricots au centre.

SALADE DE THON

Pour 4 personnes : **200 g de thon frais • 4 tomates • 250 g d'épinards très frais • 2 pommes de terre moyennes • Une vingtaine d'olives noires biologiques • 2 cuillerées à soupe de vinaigre de framboise • 6 cuillerées à soupe d'huile de tournesol • Assaisonnement.**

Salez une tranche de thon frais et laissez reposer 5 minutes avant de cuire 10 minutes à la vapeur douce. Laissez ensuite refroidir et émiettez. Épluchez les pommes de terre en commençant par le bout le plus pointu et coupez-les en rondelles de 2 mm. Cuisez-les 15 minutes à la vapeur, puis laissez-les refroidir en les recouvrant d'un linge humide, afin d'éviter qu'elles ne se dessèchent. Mondez les tomates et coupez-les en quartiers. Lavez les épinards dans de l'eau vinaigrée, équeutez-les, puis coupez-les en lanières de 2 cm.

Pour préparer votre sauce, faites dissoudre un peu de sel dans le vinaigre et ajoutez l'huile de tournesol. On peut parfumer avec un peu de ciboulette hachée.

Mélangez les légumes et le thon, parsemez d'olives et arrosez de sauce.

Les sauces

MAYONNAISE D'AMANDES

2 cuillerées à café de purée d'amandes • 1 cuillerée à café rase de moutarde diététique • 1 cuillerée à café de citron pressé • 6 cuillerées à soupe d'huile de tournesol • Sel.

Mélangez la purée d'amandes avec la moutarde, un peu de sel et quelques gouttes de citron. Ajoutez l'huile petit à petit en tournant comme pour une mayonnaise classique. Versez le reste du citron quand votre mayonnaise est bien montée.

(à partir de 12 mois)

CRÈME DE TOFU

50 g de tofu • 1/2 avocat bien mûr mais pas noir • le jus de 1/2 citron • 1 cuillerée à soupe d'huile de tournesol • 1 cuillerée à soupe d'huile d'olive • 1 cuillerée à soupe de ciboulette ou de basilic • Sel.

Mixez l'avocat avec le tofu, le citron, les fines herbes et le sel. Versez ensuite dans un bol et ajoutez l'huile comme vous le feriez pour une mayonnaise.

(à partir de 12 mois)

SAUCE À L'AVOCAT

1/2 avocat bien mûr • 1 yaourt entier • 1 cuillerée à café de citron pressé • 1 cuillerée à café de fines herbes au choix • Sel.

Mixez le tout. On peut remplacer les herbes par de la muscade.

(à partir de 12 mois)

ANCHOÏADE

100 g d'anchois à l'huile • 4 gousses d'ail • 2 cuillerées à soupe de vinaigre de vin • 1 dl d'huile de tournesol mélangé à un peu d'huile d'olive • Poivre de Cayenne (facultatif).

Épluchez l'ail, retirez le germe et passez-le 30 secondes à la vapeur. Écrasez l'ail et les anchois au pilon dans un mortier jusqu'à obtenir une pommade. Ajoutez alors le vinaigre et le poivre. Versez l'huile petit à petit, comme pour une mayonnaise, et remuez pour faire monter la préparation.

Cette sauce accompagne très bien les poissons, les pommes de terre et peut servir de base à des sauces allongées.

SAUCE AU YAOURT SIMPLE

1 yaourt de préférence maigre • 1 cuillerée à café de crème à 15 % ou 20 % de matière grasse • 1 cuillerée à soupe d'huile de tournesol • Un peu de jus de citron.

Il importe de procéder dans l'ordre indiqué. Mettez le yaourt dans un bol, ajoutez la crème en remuant bien, versez l'huile de tournesol et un filet de citron. Terminez par l'assaisonnement. Cette sauce accompagne aussi bien les poissons, les salades que les légumes.

(dès 12 mois)

MAYONNAISE VERTE

1 petit bol de mayonnaise avec ou sans œuf • 1 blanc d'œuf • 2 échalotes • 1/2 avocat bien mûr mais pas noirci • Le jus de 1/2 citron • 1 pincée de sel.

Ciselez très finement les échalotes au couteau. Épurez l'œuf 20 secondes à la vapeur douce. Montez le blanc en neige ferme et gardez le jaune pour la mayonnaise ou pour une autre préparation. Dans un bol, placez les échalotes auxquelles vous ajouterez dans l'ordre en battant au fouet : le jus de citron, le sel, l'avocat écrasé à la fourchette et la mayonnaise. Incorporez ensuite, sans le battre, le blanc d'œuf en neige en soulevant la préparation avec une cuillère jusqu'à ce que l'ensemble soit bien mélangé.

Cette sauce accompagne très bien les crudités, les poissons et les volailles.

(enfants dès 2 ans)

MAYONNAISE SANS ŒUFS

25 g d'amandes en poudre • 20 g de pignons • 1 à 2 cuillerées à soupe d'eau tiède • 4 dl d'huile de tournesol • 1 citron.

Concassez les pignons dans un mortier et réduisez-les en pâte. Additionnez d'eau tiède et malaxez bien. Mélangez avec les amandes. Versez l'huile en filet et procédez comme pour une mayonnaise classique.

Au cas où la mayonnaise serait trop consistante, ajoutez un filet de citron en continuant de remuer dans le même sens.

(dès 12 mois)

SAUCE À LA MENTHE

Prenez 3 cuillerées à soupe de mayonnaise de base, élaborée avec ou sans œuf, et ajoutez-y 2 cuillerées à soupe de crème fraîche à 20 % de matière grasse et 20 feuilles de menthe poivrée finement coupées.

Cette sauce se sert avec des poissons, en particulier avec la raie, mais elle peut aussi accompagner certaines salades.

(dès 2 ans)

SAUCE BASILIC

1 bouquet de basilic • 4 gousses d'ail • 30 g de parmesan râpé • 2 cuillerées à soupe d'huile de tournesol ou, si vous êtes de forte constitution, d'olive.

Cuisez 3 gousses d'ail, 1 minute à la vapeur douce. Ne gardez que les feuilles du basilic. Pilez les trois ingrédients au mortier en ajoutant l'huile.

Cette sauce accompagne très bien les pâtes, les céréales et certains potages de légumes.

(enfants dès 12 mois)

SAUCE ROUGE

1 poivron rouge • 50 g de mie de pain complet • 5 gousses d'ail • 2 jaunes d'œuf • 1/4 de litre d'huile de tournesol ou, si vous êtes de forte constitution, d'olive • Sel.

Coupez le poivron en deux et cuisez-le 30 minutes à la vapeur après avoir retiré la queue et les graines. Pendant ce temps, faites tremper la mie de pain dans un peu d'eau de source et pressez-la bien. Cuisez 4 gousses d'ail égermées une minute à la vapeur. Épurez les œufs 20 secondes à la vapeur. Enlevez la peau des poivrons lorsqu'ils sont cuits : elle s'en va toute seule.

Mixez ensemble le poivron, l'ail cru, l'ail cuit et la mie de pain.

Dans un bol, mélangez les 2 jaunes d'œuf avec le sel. Ajoutez la purée rouge en remuant bien et versez l'huile petit à petit en battant bien comme pour obtenir une mayonnaise.

Cette sauce accompagne très bien les viandes blanches, les poissons et certains légumes.

(enfants dès 2 ans)

SAUCE AUX LENTILLES

150 g de lentilles prégermées cuites à la vapeur • 1 citron • 1 grosse tomate • 2 cuillerées à soupe de fromage blanc maigre • Basilic ou coriandre ou persil.

Cuisez la tomate 3 minutes à la vapeur. Coupez-la ensuite en quartiers, enlevez la peau qui se retire toute seule et éliminez les pépins. Placez dans le mixer les tomates, les lentilles, le citron, le fromage blanc et l'herbe choisie. Vous devez obtenir une crème onctueuse. Si celle-ci vous paraît trop épaisse, vous pourrez toujours l'allonger avec un peu d'eau.

Cette sauce accompagne très bien les crudités, les céréales, les poissons et les viandes blanches.

(enfants dès 2 ans)

SAUCE POULETTE

250 cl de fond de volaille • 1 cuillerée à soupe de kouzou • 1 jaune d'œuf • Le jus de un citron • 1 cuillerée à soupe de crème fraîche allégée (facultatif).

Faites chauffer doucement le fond de volaille. Délayez dans un bol le kouzou avec le jus de citron et un peu d'eau. Versez petit à petit le bouillon chaud sur le mélange et remettez le tout à chauffer doucement dans la casserole. Toujours dans un bol, battez avec la crème le jaune d'œuf que vous aurez épuré 20 secondes à la vapeur, puis versez petit à petit une louche du bouillon épaissi. Remettez le tout à chauffer très doucement pendant à peu près 2 minutes.

Attention : le mélange ne doit pas bouillir ! Vous feriez cuire l'œuf et votre sauce ne serait plus veloutée, mais grumeleuse.

Vous pouvez ajouter au dernier moment un peu de persil haché.

Cette sauce est délicieuse avec tous les légumes, les volailles et les céréales.

(enfants dès 12 mois)

SAUCE VERTE

1 œuf • 1 poignée de feuilles de cresson • 1 cuillerée à café de moutarde diététique.

Faites cuire l'œuf 8 minutes à la vapeur douce. Puis mixez-le avec le cresson et la moutarde. On peut remplacer le cresson par une courgette cuite à la vapeur et des fines herbes (persil, estragon, ciboulette).

Cette sauce accompagne bien les poissons et les volailles.

(enfants dès 18 mois)

SAUCE MAYONNAISE CLASSIQUE

1 jaune d'œuf • 1 cuillerée à café bombée de moutarde diététique • Sel • 250 g d'huile de tournesol ou d'olive.

Épurez l'œuf 20 secondes à la vapeur douce. Séparez le blanc du jaune. Délayez le jaune d'œuf avec la moutarde et le sel, puis versez l'huile en filet en battant vigoureusement à la fourchette, toujours dans le même sens. Vous pouvez ajouter plus ou moins d'huile selon la consistance souhaitée.

Pour les enfants à partir de dix-huit mois, vous pourrez alléger cette mayonnaise en y ajoutant le blanc de l'œuf battu en neige très ferme. Quelques fines herbes ne nuiront pas à cette préparation.

(enfants dès 12 mois)

SAUCE AU YAOURT ET À LA POMME

1 pomme fruitée • 1/2 citron • 1 yaourt entier nature • 1 cuillerée à café d'huile de tournesol • 1 pincée de sel ou quelques gouttes de tamari.

Pelez la pomme, coupez-la en 4 et râpez-la finement en l'arrosant tout de suite de jus de citron pour éviter l'oxydation. Délayez le yaourt avec l'huile, puis ajoutez la pomme et le sel.

Cette sauce accompagne très bien les crudités.

(dès 9 mois)

SAUCE YAOURT COCO-MENTHE

1 yaourt nature entier • 1 cuillerée à soupe de feuilles de menthe • 1 cuillerée à soupe de noix de coco râpée • 1 cuillerée à café de sucre complet • Sel • Quelques filaments de zeste d'un citron non traité.

Passez yaourt, menthe et noix de coco au mixer. Épurez le citron 1 minute à la vapeur. Prélevez-y quelques parcelles de zeste que vous ajouterez au mélange.

Cette sauce accompagne très bien les pommes de terre vapeur, les poissons, les volailles et le riz.

(enfants dès 2 ans)

SAUCE À L'AIL

3 jaunes d'œuf • 1 citron • 125 g d'huile d'olive • 1/2 tête d'ail • 1/4 de cuillerée à café de sel.

Épluchez l'ail, retirez les germes et cuisez, pour les rendre plus digestes, les gousses de 30 secondes à 1 minute. Pilez ces gousses au mortier jusqu'à en faire une crème. Épurez les œufs 20 secondes à la vapeur. Séparez le blanc des jaunes. Placez les jaunes dans une casserole et délayez-les avec le jus du citron et le sel. Placez la casserole au bain-marie et ajoutez l'huile en fouettant vigoureusement comme s'il s'agissait d'une mayonnaise. Retirez du feu lorsque la préparation prend la consistance d'une crème. Ajoutez, en remuant bien, la crème d'ail.

Si l'on préfère les sauces plus relevées, on pourra incorporer une gousse d'ail crue pilée.

Cette sauce accompagne très bien tous les légumes crus ou cuits et les galettes de céréales.

(enfants dès 2 ans)

AÏOLI

1 jaune d'œuf • 6 à 8 gousses d'ail • 20 cl d'huile de tournesol et, si vous êtes de forte constitution, d'olive vierge • 1/4 de cuillerée à café de sel.

Cuisez 1 minute à la vapeur 6 gousses d'ail épluché. Épurez l'œuf 20 secondes à la vapeur. Pilez dans un mortier l'ail cru et l'ail cuit. Ajoutez le sel et le jaune d'œuf. Montez petit à petit à l'huile d'olive comme une mayonnaise.

Cette sauce accompagne très bien tous les légumes cuits et crus, les poissons, les viandes froides, les œufs, les terrines et — pourquoi pas ? — tout simplement le pain complet.

(enfants dès 12 mois)

AÏOLI À LA TOMATE

4 cuillerées à soupe d'aïoli • 500 g de tomates.

Faites cuire les tomates entières 5 minutes à la vapeur douce. Puis épluchez-les, coupez-les en 4 et enlevez soigneusement les pépins, en veillant à ne pas vous brûler. Les tomates mondées, laissez celles-ci s'égoutter pendant 10 minutes sur une passoire. Pressez-les légèrement pour bien éliminer l'excès d'eau. Mixez-les ensuite, versez le coulis dans une casserole et laissez mijoter 10 minutes. Ajoutez l'aïoli. Chauffez doucement encore 2 minutes et servez.

Cette sauce accompagne très bien les galettes de céréales, les poissons, les volailles et tous les légumes.

(enfants dès 12 mois)

SAUCE AUX ASPERGES

1 yaourt • 50 g de pointes d'asperges • 1 cuillerée à café d'huile de tournesol • Sel ou tamari.

Cuisez les asperges 20 minutes à la vapeur douce, puis prélevez-en les pointes que vous mixerez avec le yaourt. Ajoutez le sel et éventuellement un soupçon de noix de muscade. Placez le bol de sauce au chaud sur le tamis de votre appareil vapeur encore chaud.

Cette sauce accompagne très bien les volailles et les céréales.

(dès 12 mois)

Les légumes

CAROTTES RÂPÉES AUX NOISETTES

100 g de carottes • 1 yaourt • 25 g de noisettes • 1/2 citron • 1 cuillerée à café d'huile de tournesol • Persil.

Épluchez la carotte en commençant par le bout le plus large, puis râpez-la. Ajoutez les noisettes grossièrement hachées, le yaourt, le jus de citron et le persil haché. Placez au frais jusqu'au moment de servir.

(à partir de 8 mois)

CÉLERI RÉMOULADE

1/4 de céleri-rave • 1/2 pomme granny • 1/2 yaourt • 1 cuillerée à soupe de mayonnaise • 1/2 citron.

Épluchez le céleri et râpez-le. Versez le jus du demi-citron pour éviter l'oxydation. Épluchez et râpez la demi-pomme. Ajoutez-la au céleri. Délayez le yaourt avec la mayonnaise et ajoutez ce mélange aux légumes. Servez frais.

(à partir de 18 mois)

PURÉE DE RIZ COMPLET

30 g de riz complet rond • 1 petite pincée de sel • 1 cuillerée à café de purée d'amandes.

Placez le riz dans une casserole contenant 5 fois son volume d'eau de source froide. Mettez sur un feu doux jusqu'à ce que toute l'eau soit absorbée. Salez.

Mixez avec la purée d'amandes de façon à obtenir la consistance d'une bouillie.

Cette recette toute simple peut comporter bien des variantes : on peut la parfumer avec de nombreux légumes (poireaux, oignons, tomates, champignons, lentilles, épinards...) ou tout simplement avec des fines herbes ou du jaune d'œuf ;

elle peut aussi se déguster sucrée avec du miel, du sucre complet, du fromage blanc, des fruits secs mixés.

(à partir de 9 mois)

PURÉE DE HARICOTS VERTS

250 g de pommes de terre • 100 g de haricots verts • 10 cl de lait entier • 1 pincée de sel • 1 cuillerée à café d'huile de tournesol.

Préparez la purée de pommes de terre comme indiqué à la recette de « la vraie purée de pommes de terre ».

Par ailleurs, effilez les haricots verts et cuisez-les 20 minutes à la vapeur. Passez-les au mixer puis mélangez-les à la purée de pommes de terre. Salez et ajoutez l'huile de tournesol au dernier moment.

Pour enrichir cette purée, on peut toujours y ajouter le jaune d'un œuf épuré ou 1/2 cuillerée à café de purée d'amandes.

(à partir de 6 mois)

LA VRAIE PURÉE DE POMMES DE TERRE

250 g de pommes de terre (environ 2) • 10 cl de lait entier • 1 cuillerée à café de purée d'amandes • 1 pincée de sel.

Épluchez les pommes de terre en commençant par le bout le plus pointu et coupez-les en morceaux. Cuisez-les 20 minutes à la vapeur douce. Quand elles sont bien cuites, égouttez-les, écrasez-les finement à la fourchette ou passez-les au moulin à légumes. Évitez le mixer qui les rend souvent collantes. Placez la purée dans une casserole et faites chauffer à feu doux. Incorporez le lait tiède et la purée d'amandes. Remuez vigoureusement et retirez du feu dès que le beurre est fondu.

Hors du feu, vous pouvez, à la place de la purée d'amandes, verser une cuillerée à café d'huile de tournesol dans la purée. La préparation n'en sera que plus saine.

Vous pouvez également, à partir de six mois, ajouter une cuillerée à café d'une céréale crue fraîchement moulue. Cela habituera votre enfant à en consommer malgré lui.

Vous pouvez encore lier, hors du feu, la purée avec un jaune d'œuf épuré.

(à partir de 5 mois)

POMME DE TERRE COCOTTE

1 grosse pomme de terre • 1 œuf biologique • 1 cuillerée à soupe de crème fraîche allégée • 1 pincée de sel • 20 g de gruyère râpé.

Lavez la pomme de terre. Faites-la cuire sans l'avoir pelée 30 minutes à la vapeur. Puis retirez-la en la tenant dans un torchon pour éviter de vous brûler.

Découpez un couvercle dans la longueur, puis creusez-la sans l'abîmer, en laissant adhérer 1 cm de chair tout autour. Placez la chair obtenue dans un petit saladier et mélangez avec le gruyère et la moitié de la crème. Remplissez la pomme de terre jusqu'aux 2/3 de cette préparation en ménageant une légère cuvette au centre. Cassez-y l'œuf épuré 20 secondes à la vapeur douce et nappez avec le reste de la crème fraîche. Placez la pomme de terre farcie sur le tamis de votre appareil à vapeur et cuisez 4 à 5 minutes jusqu'à ce que le blanc d'œuf soit cuit. Laissez légèrement refroidir la préparation avant de la présenter, à la cuillère, à l'enfant.

(à partir de 12 mois)

GALETTES DE POMMES DE TERRE

250 g de pommes de terre farineuses • 1 cuillerée à soupe de farine d'avoine fraîchement moulue • 10 cl de lait de vache ou de soja • 50 g de comté râpé ou de cantal • 1 œuf • 1 cuillerée à soupe de ciboulette et de persil hachés • Noix de muscade, sel.

Cuisez les pommes de terre à la vapeur douce 20 minutes. Épluchez-les et réduisez-les en purée en écrasant bien à la fourchette. Ajoutez le lait, le fromage, la farine, l'œuf épuré 20 secondes à la vapeur, le sel et la noix de muscade. Battez bien et formez des galettes en modelant, pour chacune d'elles, 2 cuillerées à soupe du mélange. Faites cuire 15 minutes dans un four chauffé à 120°. Pour servir, saupoudrez avec les fines herbes. Proposez ces galettes à votre enfant en même temps qu'une salade ou une crudité.

(à partir de 18 mois)

ŒUF AU NID

1 œuf biologique • 100 g d'épinards • 100 g de fromage blanc maigre.

Triez les épinards, enlevez les queues et lavez les feuilles rapidement dans de l'eau légèrement vinaigrée. Égouttez-les et cuisez-les 10 minutes à la vapeur douce. Puis essorez-les et réduisez-les en purée avec un mixer. Mélangez cette purée au fromage blanc. Épurez l'œuf 20 secondes à la vapeur. Placez la crème verte dans l'assiette. Creusez-y un nid et placez le jaune d'œuf au milieu.

N'oublions pas que l'enfant ne pourra consommer l'œuf entier qu'à partir de l'âge de un an.

(à partir de 6 mois)

ŒUF COCOTTE

1 œuf biologique • 1 cuillerée à café de fromage blanc maigre • 20 g de gruyère râpé ou de noisette en poudre • Noix de muscade.

Épurez l'œuf 20 secondes à la vapeur douce, puis cassez-le dans un ramequin, ajoutez le fromage blanc, saupoudrez de muscade et de gruyère râpé. Placez le ramequin sur le tamis du cuiseur vapeur, couvrez et laissez cuire 5 minutes. Dans ce type de préparation, l'eau ne doit pas bouillir, elle doit juste frémir. L'œuf cocotte est cuit quand le blanc est pris.

Vous pouvez également couper le blanc d'un poireau en tronçons de 1 mm que vous cuirez 4 minutes à la vapeur douce. Tapissez le fond du ramequin avec les morceaux de poireaux cuits. Cassez l'œuf épuré sur ce lit de verdure, ajoutez le fromage blanc et le gruyère, assaisonnez et cuisez 4 à 5 minutes à la vapeur douce. L'eau ne doit pas bouillir, mais seulement frémir.

Vous pouvez aussi procéder de même avec des champignons émincés, du fenouil découpé, des épinards... toujours précuits à la vapeur douce.

(à partir de 12 mois)

PETITS CHOUX FARCIS

Par personne : **1 belle feuille de chou • 1 cuillerée à soupe d'huile de tournesol • 2 cuillerées à soupe de blé fraîchement moulu • 1 gros oignon • 1 œuf • 1 cuillerée à soupe de tamari • Estragon frais.**

Blanchissez la feuille de chou, 5 minutes, à la vapeur. Sortez-la en évitant de la déchirer et égouttez-la. Faites une farce en mélangeant le blé moulu, l'oignon haché passé 2 minutes à la vapeur, l'œuf épuré 20 secondes à la vapeur, le tamari, l'estragon haché et l'huile de tournesol. Entourez cette boule de farce avec la feuille de chou, de manière à obtenir un petit paquet que vous fermerez bien en l'attachant avec une ficelle très fine, spéciale pour la cuisine, que l'on aura passée à l'eau très chaude.

Posez les petits choux sur le tamis de votre appareil vapeur et cuisez 15 minutes à la vapeur.

Servez entouré de rondelles de carottes cuites 10 minutes à la vapeur. Arrosez le tout d'un filet d'huile de tournesol ou bien servez avec un coulis de tomates, une sauce aïoli à la tomate, une sauce poulette ou, encore, froid avec une vinaigrette classique ou une autre sauce relevée à votre choix.

(enfants dès 2 ans)

CHOU FARCI VÉGÉTARIEN

1 chou vert • 250 g d'épinards • 250 g de bettes • 250 g de riz rond complet, cuit • 5 échalotes • 1 tête d'ail • 2 cuillerées à soupe de persil • 2 cuillerées à soupe d'estragon • 2 cuillerées à soupe d'huile d'olive • Noix de muscade • Gingembre.

Effeuillez le chou puis cuisez les feuilles entières pour les attendrir, à la vapeur douce, environ 5 minutes. Elles se travailleront plus facilement. Lavez les épinards et les bettes et cuisez-les 5 minutes à la vapeur. Hachez-les grossièrement au couteau. Pendant ce temps, cuisez l'ail et l'échalote épluchés 2 à 3 minutes à la vapeur et hachez-les. Mélangez alors le hachis vert avec l'ail et l'échalote, le persil et l'estragon hachés, le riz complet, la noix de muscade et le gingembre. Vous pouvez ajouter à votre convenance de l'huile d'olive et du tamari. Disposez une cuillerée à soupe bien bombée de ce mélange sur chaque feuille de chou que vous façonnerez en forme de bourse et que vous fermerez à l'aide d'une petite ficelle. Puis déposez le tout sur le tamis de votre couscoussier, couvrez et laissez cuire 8 à 10 minutes.

Vous pouvez servir ces choux avec un coulis de tomates ou une sauce yaourt relevée aux fines herbes.

(enfants à partir de 18 mois)

TAGLIATELLES DE LÉGUMES

3 poireaux • 500 g de carottes • 4 courgettes • 300 g de fèves fraîches • Crème fraîche à 20 % • Basilic.

Coupez les poireaux en deux dans le sens de la longueur en partant du haut, c'est-à-dire la partie verte, vers la racine que l'on coupera en dernier. Éliminez les parties dures et l'excès de vert, puis effilez. Épluchez les carottes avec un économe, puis, toujours avec le même instrument, continuez à détacher de longues lanières en commençant par la partie la plus large de la carotte, jusqu'au trognon que l'on utilisera pour faire une purée, par exemple. Épluchez les fèves et cuisez-les 10 minutes à la vapeur douce. Ensuite, sortez-les de la vapeur et enlevez la peau dure qui se détache très facilement. Pendant ce temps, cuisez une dizaine de minutes les carottes et les poireaux. Mélangez la crème crue aux fèves et ciselez le basilic dans cette préparation. Mélangez tous ces légumes une fois cuits et servez.

Les céréales, une volaille ou un poisson accompagnent très bien cette préparation.

(enfants à partir de 18 mois)

POIVRONS FARCIS AUX AMANDES

1 poivron rouge • 50 g de poudre d'amandes • 120 g de fromage blanc à 20 % ou de Brousse • Paprika, cerfeuil, ciboulette, menthe fraîche.

Coupez les poivrons en deux dans le sens de la longueur et retirez-en les pépins. Mettez 5 minutes à la vapeur et laissez en attente. Si le fromage blanc est trop épais, détendez-le avec un peu d'eau de source, assaisonnez, ajoutez la poudre d'amandes et les herbes finement coupées. Farcissez les deux moitiés de poivron de cette crème et placez 15 minutes à la vapeur.

Les poivrons farcis peuvent être consommés chauds avec une sauce chaude, ou froids accompagnés d'une vinaigrette, d'une sauce au citron ou encore d'huile de tournesol et de jus d'orange.

(enfants dès 2 ans)

Viandes et poissons

FOIE DE VEAU AU RAISIN

Pour 1 personne : **80 g de foie de veau fermier de préférence biologique • 200 g de raisins frais (muscat ou raisin italien) • Sauce de soja selon le goût • 1 cuillerée à soupe d'huile de tournesol • Noix de muscade**
On peut remplacer le foie de veau par des foies de volaille.

Cuisez les raisins 5 minutes à la vapeur. Retirez-en la peau et les pépins et placez-les dans un bol, au chaud. Salez le foie 5 minutes avant de le cuire 3 à 4 minutes à la vapeur douce. Servez le foie nappé de sauce soja mélangée à de l'huile de tournesol et parfumée avec la noix de muscade.

Toutes les sortes de choux accompagnent très bien ce plat très nutritif et sain si l'on a choisi des produits de qualité biologique.

FOIE DE VEAU À LA FONDUE DE POIREAUX

Pour 1 personne : **100 g de foie de veau • 2 poireaux • 2 échalotes • 1 cuillerée à soupe de vinaigre balsamique ou de xérès • Tamari, huile de tournesol ou d'olive, si vous êtes de forte constitution.**

Coupez les poireaux en deux dans le sens de la longueur, lavez-les, coupez-les en lamelles de 1/2 cm et cuisez 5 minutes à la vapeur. Salez le foie et laissez-le reposer 5 minutes avant de le cuire 4 minutes à la vapeur douce. Épluchez et émincez les échalotes. Cuisez-les 2 minutes à la vapeur douce, puis placez-les dans une petite casserole, ajoutez le vinaigre et laissez réduire à sec. Ajoutez alors hors du feu 1 cuillerée à soupe de tamari et 2 cuillerées à soupe d'huile de tournesol. Vous pouvez saupoudrer de thym ou de persil.

BLANQUETTE DE POULET

Pour 4 personnes : **1 poulet fermier • 2 poireaux • 1 oignon • 1 tête d'ail • 300 g de tomates • 1 branche de céleri • Thym, laurier.**
Garniture : **1 kg de fenouil • 1 citron • 200 g de crème fraîche allégée • 2 jaunes d'œuf • 2 cuillerées à soupe de kouzou • Persil • Muscade.**

Salez le poulet au gros sel et laissez reposer 10 minutes. Coupez, sans l'éplucher, l'oignon en deux dans la longueur. Coupez le vert des poireaux. Coupez, sans l'éplucher, l'ail en deux dans la largeur. Coupez le céleri en gros tronçons en gardant les feuilles. Coupez les tomates en deux et enlevez les pépins. Rincez tous ces légumes sous le robinet sans les faire tremper. Placez-les ensuite 5 minutes à la vapeur douce pour les épurer. Au bout de ce temps, placez-les dans une grande casserole contenant 2 litres d'eau tiédie. Commencez à faire mijoter. Ajoutez le thym et le laurier. Pendant ce temps, cuisez le poulet 25 minutes à la vapeur douce. Placez-le ensuite dans le bouillon de mijotage et laissez-le cuire doucement pendant 2 heures. Une demi-heure avant la fin de la cuisson, épluchez les fenouils, émincez-les et cuisez-les 20 minutes à la vapeur douce. Épurez les œufs 20 secondes à la vapeur. Délayez les jaunes avec la crème, le jus de citron, le kouzou et la muscade.

Retirez le poulet du bouillon et mettez-le en réserve. Filtrez le bouillon en appuyant bien, avant de les jeter, sur les légumes afin qu'ils restituent tout leur jus. Délayez une louche du fond de volaille avec le mélange de crème, puis versez dans la casserole contenant le fond filtré. Laissez épaissir doucement sur un feu modéré.

Coupez le poulet en morceaux. Servez nappé de sauce et entouré de fenouil. Saupoudrez de persil.

(enfants à partir de 2 ans)

FILETS DE SOLE AUX PÊCHES

1 sole • 15 cl de fumet de poisson • 1 orange • 2 pêches • 1 cuillerée à soupe de vinaigre de cidre • 1 cuillerée à café de sucre roux • Huile d'olive • Persil.

Demandez à votre poissonnier de lever les filets de la sole. Salez-les et laissez-les 5 minutes en attente. Faites une incision en croix sur les pêches et mettez-les 2 minutes à la vapeur. Retirez-les et plongez-les rapidement dans l'eau tiède. Otez la peau et les noyaux. Placez la sole et les pêches épluchées 5 minutes à la vapeur. Pendant ce temps, élaborez la sauce :

Faites chauffer doucement le vinaigre et le sucre dans une casserole. Lorsque le sucre commence à peine à se colorer, ajoutez le jus de l'orange et laissez réduire de moitié. Puis rajoutez le fumet de poisson et laissez encore réduire de moitié. Tamisez cette sauce, faites-la mijoter, puis ajoutez petit à petit 2 cuillerées à soupe d'huile d'olive en remuant bien. Si l'on choisit l'huile de tournesol, il faudra l'ajouter hors du feu. On peut, au besoin, lier avec une pointe de fécule.

Servez les filets de sole nappés de sauce avec les pêches escalopées et parsemez de persil.

COLIN AU CHOU-FLEUR

Pour 1 personne : **1 tranche de colin • 1/4 de chou-fleur • 1/4 l de fond de poisson • 2 à 3 cuillerées à soupe de fromage blanc maigre • Sel • Poivre • Muscade • Persil.**

Lavez le chou-fleur et cuisez les fleurs 15 à 20 minutes à la vapeur. Salez le poisson et laissez-le en attente. Pendant ce temps, préparez la sauce :

Faites mijoter le fond de poisson avec le trognon de chou-fleur épuré 2 minutes à la vapeur. Laissez réduire de moitié et tamisez en écrasant bien. Remettez à feu doux et ajoutez le fromage blanc. Si la sauce est trop liquide, vous pourrez la lier avec du kouzou dilué avec un peu d'eau. Ajoutez la muscade. Maintenez au chaud.

Cuisez le colin 5 minutes à la vapeur à côté du chou-fleur. Servez nappé de sauce et parsemé de persil haché.

ROUGET AU FENOUIL

Pour 1 personne : **1 rouget • 1 bulbe de fenouil • 1 oignon • 1 citron • 1 cuillerée à soupe d'huile de tournesol • Aneth.**

Videz et lavez le rouget, séchez-le dans un linge. Salez et laissez reposer 5 minutes. Enlevez les fils des premières feuilles du fenouil, coupez les bulbes en deux dans la hauteur, puis émincez-les dans l'autre sens. Épluchez l'oignon et émincez-le. Cuisez ces légumes 5 minutes à la vapeur. Puis placez le poisson à côté et poursuivez la cuisson encore 5 minutes. Servez arrosé légèrement d'huile de tournesol et saupoudré d'aneth.

SARDINES AUX POIVRONS

Pour 1 personne : **2 ou 3 sardines selon grosseur • 1 poivron vert • 1 poivron rouge • 1 oignon • 1 cuillerée à soupe d'huile de tournesol • Persil.**

Videz les sardines et essuyez-les, sans les laver, avec un linge pour faire partir les écailles. Salez légèrement et laissez 5 minutes en attente. Pendant ce temps, épluchez les oignons et émincez-les. Coupez les poivrons en deux, éliminez-en les pépins, et coupez-les en lanières d'un demi-centimètre. 1/2 poivron vert et 1/2 poivron rouge suffisent pour une personne, mais de toute façon ces légumes se gardent très bien cuits. Cuisez l'ensemble des légumes 5 minutes à la vapeur, ajoutez les sardines et laissez cuire encore 5 minutes. Servez nappé d'huile de tournesol et parsemé de persil.

Si vous l'aimez et surtout si vous le tolérez, vous pouvez ajouter une pointe d'ail épuré 30 secondes à la vapeur.

SARDINES À L'HUILE D'OLIVE

Pour 1 personne : **2 sardines (demandez à votre poissonnier de les vider et d'en lever les filets) • 1 citron • Huile d'olive • Sel, poivre blanc • Persil ou thym.**

Salez les filets de sardines, et versez dessus le jus de citron. Laissez mariner 2 heures au frais. Au bout de ce temps, jetez le liquide de marinade qui contient les toxines éliminées par le poisson et versez un peu d'huile d'olive, saupoudrez de poivre blanc, de persil haché ou de thym.

Toutes sortes de salades accompagnent remarquablement ce plat (tomates, fenouil, endives, épinards, cresson).

TRUITE AU CHOU VERT

Pour 1 personne : **1 truite vidée et préparée par votre poissonnier • 1 orange • 1 jaune d'œuf • Huile d'olive • 1/4 de chou vert • Ciboulette.**

Salez la truite et laissez-la reposer 10 minutes.

Émincez le chou en fines lanières après l'avoir lavé dans l'eau vinaigrée. Cuisez-le 20 minutes à la vapeur douce. Pendant ce temps, pressez l'orange et faites légèrement chauffer le jus. Épurez 20 secondes l'œuf à la vapeur. Placez le jaune dans un bol et délayez-le doucement avec le jus d'orange chaud. Reversez le mélange dans la casserole sur un feu très doux ou, mieux, au bain-marie. Ajoutez 1 cuillerée à soupe d'huile d'olive sans cesser de remuer. La sauce doit prendre une consistance veloutée, comparable à celle d'une crème anglaise. Salez légèrement. Faites cuire la truite 6 à 7 minutes à la vapeur.

Pour servir, nappez le poisson de sauce, placez le chou à côté et saupoudrez de ciboulette hachée.

MARMITE DE POISSON

Pour 1 personne : **150 g de gros poisson en darne (lieu, cabillaud, flétan) • 3 tomates • 4 pommes de terre • 2 oignons • 2 gousses d'ail • 1 cuillerée à café de zeste d'orange • Thym, laurier • Safran • Basilic • Huile de tournesol.**

Épluchez les pommes de terre en commençant par le bout le plus pointu et cuisez-les 20 minutes à la vapeur. Épluchez les oignons, émincez-les et cuisez-les 5 minutes à la vapeur. Passez les tomates 2 minutes à la vapeur, mondez-les et mixez-les afin d'en obtenir un coulis. Mettez ce coulis dans une petite marmite ou une casserole, ajoutez le thym, le laurier, le safran et les zestes d'orange épurés 1 minute à la vapeur. Faites mijoter 5 minutes, ajoutez les pommes de terre coupées en grosses rondelles et maintenez au chaud.

Pendant ce temps, salez le poisson 5 minutes avant de le cuire 5 minutes à la vapeur. Placez le poisson cuit dans la marmite, saupoudrez de basilic, arrosez d'une cuillerée d'huile de tournesol et servez.

Cuisson de base des céréales

BLÉ ENTIER

Faites prégermer le blé pendant 2 jours, puis cuisez-le de 20 à 30 minutes à la vapeur douce.

Vous pourrez le servir tel quel avec des légumes, ou bien mixer afin d'obtenir une purée que l'on pourra agrémenter avec un peu de purée d'amandes ou du lait, selon la tolérance de l'enfant. Vous pourrez enfin juste concasser les graines et employer le résultat comme une grosse semoule.

COUSCOUS

Faites tremper le couscous la veille dans de l'eau tiède. Le lendemain, faites cuire 30 minutes à la vapeur douce en plaçant la semoule dans un linge fin, afin que les graines ne tombent pas dans l'eau, par les trous du tamis. Arrosez d'un verre d'eau au bout de 10 minutes de cuisson, et remuez en soulevant bien la masse.

ÉPEAUTRE

Procédez comme pour le blé.

MILLET

Faites tremper la veille dans de l'eau tiède. Le lendemain, faites cuire 30 minutes à la vapeur douce en procédant comme pour la semoule de couscous.

Si vous êtes pressée, placez le millet dans une casserole à fond épais, ajoutez 3 volumes d'eau froide et montez à ébullition sans bouillir. Le millet est cuit lorsque toute l'eau est absorbée. Salez légèrement.

Le millet se réchauffe très bien à la vapeur douce.

ORGE

L'orge est une céréale difficile à cuire à la vapeur douce. Aussi, nous vous conseillons de la faire tremper la veille et de la faire cuire dans 3 fois son volume d'eau, en commençant à l'eau froide et en laissant mijoter jusqu'à absorption du liquide.

RIZ COMPLET

Faites tremper le riz complet la veille dans de l'eau tiède. Ne le faites pas germer : il deviendrait acide. Puis faites-le cuire à la vapeur douce pendant 30 minutes en ajoutant un verre d'eau à mi-cuisson. Si, au bout de ces 30 minutes, il vous semble trop ferme, versez-le dans un compotier en arrosant avec un verre d'eau chaude légèrement salée. Couvrez. Le riz finira de gonfler.

Si vous êtes pressée, procédez comme pour le millet, version rapide.

AVOINE

L'avoine est une céréale qui se consomme plus couramment sous forme de flocons ou de farine. Cependant, si vous vouliez la consommer entière, procédez comme pour le millet.

SARRASIN

Faites tremper le sarrasin pendant 2 heures dans de l'eau tiède, puis cuisez-le 20 minutes à la vapeur douce. Cuit de cette façon, le sarrasin est fondant sans être collant.

On peut obtenir une purée de toutes ces céréales. Il suffit de les passer au mixer une fois cuites et de les allonger soit avec de l'eau, soit avec du lait de vache, d'amandes ou de soja, soit avec du fromage blanc allégé, soit encore avec un légume mixé ou du tofu.

On peut enrichir la préparation en ajoutant une cuillerée à café d'huile de tournesol de première pression à froid et/ou un jaune d'œuf épuré 20 secondes à la vapeur douce.

PÂTÉ DE SOJA

Pour 4 personnes : **500 g de soja sec • 5 tomates • 400 g de carottes • 6 échalotes • 50 g de poudre d'amandes • 3 cuillerées à soupe de flocons d'avoine maison • Tamari • Cardamome.**

Faites tremper le soja 2 jours avant. Le jour de la préparation, rincez-le et cuisez-le 20 minutes à la vapeur. Mondez les tomates. Épluchez les carottes en commençant par le bout le plus large et coupez-les en rondelles. Épluchez les échalotes. Cuisez en échelonnant les temps de cuisson, à côté du soja, les carottes 20 minutes, les échalotes 10 minutes, et les tomates 5 minutes. Passez le tout au moulin à légumes ou au mixer. Ajoutez à cette purée la poudre d'amandes, les flocons d'avoine, un peu de sauce soja et, si vous l'aimez, la cardamome broyée.

Vérifiez l'assaisonnement. Mettez à four doux (120°) 30 minutes dans une terrine préalablement huilée. On peut également placer la terrine, 15 minutes, à la vapeur dans le vitaliseur.

Cette préparation peut se déguster tiède ou froide avec une sauce chaude (sauce poulette) ou une sauce froide (sauce yaourt, sauce à l'ail, etc.). Elle peut également servir de garniture à une salade, à une volaille ou un poisson.

(enfants dès 2 ans)

Les friandises

(de préférence à partir de 2 ans)

CONFIT D'AMANDES

3 cuillerées à soupe de purée d'amandes • 3 cuillerées à soupe de miel.

Bien mélanger le tout afin d'obtenir une crème homogène. Cette pâte se tartine très bien sur du pain complet.

On peut procéder de la même façon avec de la purée de noisettes, de la purée de sésame non grillé et de la purée de noix de cajou.

TRUFFES DE FIGUES AU CHOCOLAT

4 figues • 40 g de chocolat noir diététique • Cacao dégraissé en poudre.

Mixez les figues. Faites fondre le chocolat au bain-marie avec une cuillère à café d'eau. Mélangez le tout et placez la crème obtenue au frais pendant 2 heures. Puis formez des petites truffes grosses comme des cerises et roulez-les dans le cacao. Gardez-les au frais. Elles peuvent se conserver ainsi plusieurs jours.

(à partir de 2 ans)

TRUFFES DE DATTES À LA NOIX DE COCO

200 g de dattes dénoyautées • 50 g de noix de coco râpée • 2 cuillerées à café de poudre d'amandes.

Mixez les dattes avec la poudre d'amandes. Ajoutez la moitié de la pulpe de noix de coco et mélangez bien. Formez ensuite des boulettes que vous roulerez dans la noix de coco restante.

(à partir de 12 mois)

MINIBARRES ÉNERGÉTIQUES

Pour une quinzaine de barres : **120 g de figues sèches • 120 g de dattes dénoyautées • 120 g de pruneaux moelleux dénoyautés • 120 g d'abricots secs • 250 g d'un mélange de noix, noisettes, amandes • Noix de coco râpée.**

Hacher ensemble figues, dattes, pruneaux et abricots, de façon à obtenir une fine pâte compacte. Hachez grossièrement les diverses noix et ajoutez-les à la pâte de fruits en malaxant bien. Façonnez des cylindres à la main, puis roulez-les dans la noix de coco.

Ces barres constituent un excellent goûter, non seulement nutritif, mais très pratique à emporter.

(à partir de 18 mois)

COMPOTE D'ABRICOTS

3 à 4 abricots bien mûrs • 1 cuillerée à soupe de sucre complet.

Lavez les abricots. Ouvrez-les en deux, retirez les noyaux et faites cuire les fruits 10 minutes à la vapeur douce. Pendant ce temps, faites fondre dans une casserole, avec une cuillerée à soupe d'eau, le sucre auquel vous aurez mêlé les noyaux, jusqu'à ce que vous obteniez un sirop. Mixez les fruits cuits avec le sirop et servez.

Vous pouvez enrichir la préparation en ajoutant une cuillerée à café d'amandes en poudre.

(à partir de 5 mois)

COMPOTE DE FIGUES FRAÎCHES

2 ou 3 figues bien mûres • 1/2 citron • 1 cuillerée à soupe de fromage blanc • Vanille • 1 cuillerée à café de sucre complet.

Coupez les figues en deux et faites-les cuire 10 minutes à la vapeur. Pendant ce temps, faites mijoter dans une casserole le sucre avec le jus de citron et une cuillerée à café d'eau. Faites prendre en sirop. Une fois cuites, grattez l'intérieur des figues afin d'en prélever la pulpe. Mélangez cette chair au sirop. Grattez un peu de l'intérieur d'une gousse de vanille sur la préparation, ajoutez le fromage blanc, mélangez et servez.

(à partir de 9 mois)

MOUSSE AU CITRON

Pour 4 personnes : **2 citrons • 1/2 l d'eau de source • 6 cuillerées à soupe de farine complète • 150 g de sucre complet • 2 œufs.**

Faites blanchir les zestes de citron 1 minute à la vapeur, puis 5 minutes dans l'eau de source bouillante. Laissez infuser puis passez le liquide refroidi et conservez-le. Pressez les citrons. Délayez la farine dans le jus de citron, puis dans l'eau des zestes. Ajoutez le sucre. Faites cuire doucement en remuant sans cesse jusqu'à obtention d'une bouillie très épaisse. Mélangez les deux jaunes d'œuf épurés dans une cuillerée à soupe de bouillie, puis petit à petit dans le tout. Battez les blancs en neige très ferme. Mélangez à la crème lorsqu'elle est quasiment froide, en soulevant bien la masse pour ne pas laisser retomber les blancs. Versez dans un compotier et placez au froid.

(à partir de 2 ans)

MACARONS AUX NOIX

Pour 12 macarons : **150 g de noix hachées • 150 g de sucre de canne complet • 3 blancs d'œuf • 2 cuillerées à café de farine complète • Sel.**

Battez les blancs épurés en neige ferme. Mélangez avec les noix, le sucre, le sel et la farine.

Faites des petits tas de pâte sur une plaque huilée.

Cuisez à feu doux pendant 7 à 10 minutes.

(à partir de 2 ans)

MILLET ROYAL

Pour 4 personnes : **1/4 l de lait de vache ou de soja • 40 g de sucre complet • 50 g de millet • 2 œufs • 1 bâton de vanille • 250 g de poires fondantes ou de pommes bien mûres.**

Faites cuire le millet dans le lait vanillé que l'on montera doucement à ébullition. Sucrez avec la moitié du sucre lorsque le millet s'écrase légèrement. Liez avec les jaunes d'œuf épurés. Versez dans un plat allant au four. Garnissez le dessus avec les pommes ou les poires coupées en tranches fines et précuites 2 minutes à la vapeur. Recouvrez avec un appareil à meringue élaboré en battant les blancs en neige ferme dans lesquels on incorpore le reste du sucre. Enfournez à four moyen 15 minutes.

Ce dessert peut se déguster chaud ou froid.

(à partir de 2 ans)

RECOMMANDATIONS APRÈS L'ACCOUCHEMENT

— Buvez au réveil, comme au coucher, un grand verre d'eau faiblement minéralisée dont le pH ne dépasse pas 6,5 (Volvic, Mont-Roucous, eau purifiée avec un appareil fonctionnant selon le principe de l'osmose inversée).

— Consommez des aliments riches en fibres (légumes, céréales complètes, certains fruits).

— Pour éviter la déshydratation en général, buvez au moins 1/2 litre d'eau pure dans la journée, entre les repas.

— Tentez de prendre vos trois repas quotidiens toujours à la même heure.

— Cuisinez vos repas avec amour : ils doivent être agréables à la vue et au goût ; évitez la monotonie.

— Ne sautez jamais un repas, à moins que vous n'amorciez un jeûne court.

— Ne grignotez pas entre les repas. Si tel est le cas, c'est que vous ne suivez pas nos indications de petits déjeuners et que votre ration de sucres rapides est trop forte. Privilégiez les sucres lents, c'est-à-dire les céréales.

— Mâchez consciencieusement vos aliments, selon un principe diététique de bonne santé : *Mâchez, Marchez, Mâchez, Marchez...*

— Ne mangez jamais de charcuteries : elles sont toxiques à tous les niveaux.

— Consommez tous les jours 2 cuillerées à soupe d'huile de tournesol de première pression à froid, biologique.

— Salez moins vos repas.

— Ne consommez jamais plus de 20 g de beurre par jour : Attention, cette dose doit être diminuée si l'on consomme en plus de la crème, des fromages et des laitages entiers.

— *Ne consommez jamais de sucres de synthèse tels que l'aspartam, la saccharine, les cyclamates : ils perturbent le bon fonctionnement de vos neurotransmetteurs. De toute façon, ils ne vous feront en rien maigrir. Consommez donc parcimonieusement du sucre complet et non pas du sucre roux.*

— Préférez en général les poissons à la viande.

— Supprimez le thé : il empêche l'absorption du fer dans votre organisme.

— Si vous allez au restaurant, n'oubliez pas votre petite fiole d'huile de tournesol de première pression à froid.

— Sachez vous détendre et vous reposer dans la journée.

— Accordez-vous trois fois dans la journée 3 minutes de respiration profonde.

— Ne vous endormez pas trop tard. Six à huit heures de sommeil sont nécessaires.

— N'oubliez pas que c'est votre *esprit* qui doit commander votre corps et non le contraire.

Les repas complets

Les problèmes de poids après l'accouchement constituent la préoccupation majeure de beaucoup de femmes. Si l'on souffrait déjà d'un excès de poids au début de la grossesse, on aura évidemment plus de mal à éliminer celui qui suit l'accouchement, et l'idéal serait qu'en prévoyant leur future grossesse ces femmes perdent doucement cet excès de graisse, qui ne fera que les encombrer et les fatiguer par la suite. Si elles ne s'en sont pas inquiétées, elles devront se soumettre à une discipline plus rigoureuse après l'accouchement.

Mais qu'elles se rassurent ! Surtout si elles allaitent leur enfant, la préoccupation du nouveau-né est telle que s'alimenter soi-même devient secondaire, et plutôt une corvée qu'un plaisir. Alors, autant manger ce qu'il faut, dans les quantités nécessaires au bon déroulement de l'allaitement et... de l'amincissement.

Mais attention ! N'entreprenez jamais de régime amaigrissant pendant votre grossesse ! Votre futur enfant serait le premier à en souffrir. Et ne croyez pas que c'est en mangeant « moins de calories » pendant l'allaitement que vous maigrirez plus vite. Vous risquerez simplement d'affamer votre bébé et de tarir votre lait. La perte de poids doit se faire progressivement. La maman qui pèse 2 à 5 kg de plus après l'accouchement utilisera naturellement les graisses de réserve stockées dans la rondeur de ses hanches. La nature a tout prévu !

Il faut compter six mois pour retrouver son poids initial. Vouloir accélérer le mouvement ne ferait qu'affaiblir un organisme qui a besoin de toute son énergie pour materner et remplir ses responsabilités habituelles.

Pour vous aider, nous avons créé des plats complets, rapides à élaborer et que vous pourrez déguster en toute confiance, car ils contiennent tous les éléments nutritifs pour votre santé comme pour celle du bébé que vous allaitez, sans risquer ni les surcharges ni les carences.

REPAS COMPLET À BASE DE VOLAILLE

Pour 1 personne : **1 escalope de volaille (poulet, pintade, dinde) • 100 g de pois chiches prégermés et cuits à la vapeur • 150 g de choux de Bruxelles ou de chou vert • 1 cuillerée à soupe de raisins secs blonds.**

Pour la sauce : **1 cuillerée à café de vinaigre de xérès • 1 cuillerée à café de jus de citron • 1 cuillerée à café de sauce soja • 1 cuillerée à soupe d'huile de tournesol • 1/2 cuillerée à café de cumin en poudre.**

Salez l'escalope de volaille 5 minutes avant de la cuire 7 minutes à la vapeur. Épluchez et lavez les choux, cuisez-les 20 minutes à la vapeur. Si vous avez choisi le chou vert, coupez-le en fine julienne et cuisez-le 10 minutes à la vapeur. Épurez les raisins 1 minute à la vapeur. Préparez la sauce en mélangeant tous les ingrédients. Servez l'escalope de volaille entourée des légumes, nappée de sauce et saupoudrée avec les raisins secs.

Dégustez ce repas en commençant par une crudité assaisonnée à l'huile de tournesol et au citron. Ne prenez ni dessert ni fromage. Vous ne feriez qu'alourdir l'ensemble et vous perdriez tout le bénéfice nutritif de cette préparation.

REPAS COMPLET À BASE DE VIANDE

Pour 1 personne : **100 g de viande biologique (veau fermier, foie de veau ou de génisse ou de volaille, viande rouge maigre comme le filet, la bavette, l'araignée, la poire, le rumsteck dégraissé, le gigot d'agneau dégraissé) • 1 patate douce • 1 courgette.**
Pour la sauce : **3 gousses d'ail • 2 cuillerées à soupe de basilic haché • 1 cuillerée à café bombée d'amandes en poudre ou de noisettes en poudre ou de purée de sésame non grillé • 2 cuillerées à soupe d'eau tiède • 1 cuillerée à soupe d'huile de tournesol • 1 cuillerée à café de sauce soja (facultatif).**

Salez la viande 5 minutes avant de la passer 3 minutes à la vapeur, selon l'épaisseur de la pièce et la qualité du morceau choisi. Épluchez la patate douce, qui contient plus de fer que la pomme de terre classique de nos régions, et coupez-la en rondelles d'un demi-centimètre. Cuisez-la environ 20 minutes à la vapeur. Coupez les deux extrémités de la courgette, lavez-la, mais ne l'épluchez pas. Débitez-la en rondelles d'un demi-centimètre et cuisez 10 minutes à la vapeur. Pendant ce temps, préparez la sauce.

Épurez les gousses d'ail 1 minute à la vapeur, puis écrasez-les, de préférence dans un mortier, ajoutez le basilic haché et la poudre d'amandes. Écrasez bien afin d'obtenir une crème, ajoutez petit à petit l'eau, la sauce soja et l'huile de tournesol. Le mélange doit être bien homogène.

Servez la viande entourée de légumes et nappez l'ensemble de sauce.

Dégustez ce repas en commençant par une crudité assaisonnée à l'huile de tournesol et au citron. Ne prenez ni dessert ni fromage.

REPAS COMPLET À BASE DE POISSON

Pour 1 personne : **100 g de filet de poisson gras ou maigre • 2 poireaux • 100 g de millet cuit • 1 cuillerée à soupe d'un mélange d'huile de tournesol et d'huile d'olive • 1 citron • Sauce soja**

(tamari) • Herbes fraîches (ciboulette, aneth, estragon, persil) • 1 cuillerée à café de purée d'amandes.

Demandez à votre poissonnier de vous lever les filets du poisson que vous aurez choisi. Salez-les 5 minutes avant de les cuire de 3 à 5 minutes à la vapeur, selon l'épaisseur. Coupez les poireaux en deux dans la longueur, nettoyez-les, puis coupez-les dans la largeur en tronçons de 1 ou 2 cm. Vous les cuirez 5 minutes à la vapeur, à côté du poisson. Le millet aura été préalablement cuit et sera maintenu au chaud. Pendant ce temps, préparez la sauce.

Délayez la purée d'amandes avec 1 cuillerée à soupe d'eau chaude, le jus de citron et éventuellement le tamari. Ajoutez le mélange d'huiles et les herbes ciselées. Servez-vous dans une assiette le poisson entouré des poireaux et du millet. Nappez de sauce.

Dégustez ce repas en commençant par une crudité. Ne prenez ni dessert ni fromage.

BIBLIOGRAPHIE

Dr ABRAVANEL, *Le régime D,* Éditions Solar.

AIVANHOV, *Amour et sexualité,* tomes I et II ; *Une éducation qui commence avant la naissance ; La pédagogie initiatique,* Éditions Provesta.

Dr ALBERT Robert, *Les 9 mois utérins de frimousse ; L'apprenti sage à l'écoute des enfants ; La santé sans prescription ; Une vie, une santé,* Éditions Calac (Québec).

Dr BÉGUIN Max-Henri, *Aliments naturels et dents saines ; Mon enfant aura de bonnes dents,* Éditions de l'Étoile.

BERNIER J. J., ADRIAN J., VIDON N., *Les aliments dans le tube digestif,* Éditions Doin.

BERTHOUD Françoise, *Alimentation de l'enfant,* Éditions Soleil.

BETTELHEIM Bruno, *Pour être des parents acceptables,* Éditions Robert Laffont.

CLERGEAUD Chantal et Lionel, *La cuisine naturelle des tout-petits,* Éditions La Vie Claire par Calmann Lévy.

Dr DAVO KOUBI, *Les dents c'est la vie,* Éditions Roger Faloci.

DESCARGUES Catherine, *Gastronomie,* Collection Bouquins, Éditions Robert Laffont.

DEXTREIT Jeannette, *Des enfants sains,* Collection La voie de la santé, Édition de la Revue Vivre en Harmonie.

ENLART Coline, *Les 4 saisons de la cuisine nature des enfants,* Éditions CIL.

Dr GAUTHIER Yves, *Les dents lumière,* Éditions Soleil.

Dr HEROBERG S., *La carence en fer en nutrition humaine,* Éditions Médicales Internationales.

HERGER Robert, LÉVY Jean et MELCHIOR Jean, *Précis d'obstétrique,* Éditions Masson.

Pr JOYEUX Henri, *Changer d'alimentation.*

Dr KOUSMINE Catherine, *Soyez bien dans votre assiette,* Éditions Sand ; *Sauvez votre corps !* Éditions Robert Laffont.

Dr KOUSMINE Catherine, Dr BONDIL Alain et KAPLAN Marion, *Votre alimentation selon l'enseignement du Dr Kousmine,* Éditions Robert Laffont.

KUSHI Aveline et Michio, *Grossesse macrobiotique et soins au nouveau-né,* Éditions Guy Trédaniel.

LAMBERT LAGACÉ Louise, *Le défi alimentaire de la femme,* Les Éditions de l'Homme.

LIGUE INTERNATIONALE LA LECHE, *L'art et l'allaitement maternel,* Les Éditions de l'Homme.

Dr MONTAIN B., *Art dentaire clé de la santé,* Éditions Retz.

Dr NIZAR AJJAN, *La vaccination,* Institut Mérieux.

PERNOUD Laurence, *J'élève mon enfant,* Éditions Pierre Horay.

PILLY E., *Maladies infectieuses,* Éditions Crouan et Roques.

Dr MENDELSOHNN S., *Des enfants sains même sans médecin,* Éditions Soleil.

Dr SCHNEIDER E., *La santé ça se mange,* Éditions Vie et Santé.

Dr SOLEIL, *Graines germées, jeunes pousses,* Éditions Soleil.

STARENKYJ Danièle, *Le bébé et sa nutrition,* Éditions Orion.

TABLE DES MATIÈRES

DEUXIÈME PARTIE
SOIGNER SON ENFANT

TROISIÈME PARTIE
LA NATURE DANS L'ASSIETTE

LES RECETTES

ENVIRONMENTAL CHOICE · CHOIX ENVIRONNEMENTAL ·

Ce livre est imprimé sur
du papier contenant plus
de 50% de papier recyclé
dont 5% de fibres recyclées.

Achevé d'imprimer au Canada
Imprimerie Gagné Ltée Louiseville

Dépôt légal : février 1991.

Chez le même éditeur

Dr Catherine Kousmine

SAUVEZ VOTRE CORPS !

• Prévenir et guérir les maladies modernes

• Apprendre à gérer son capital-santé

★

Dr Alain Bondil et Marion Kaplan

VOTRE ALIMENTATION selon l'enseignement du Dr KOUSMINE

90 recettes de santé

Couverture : Photos Franck Seguin.